Diario

Katherine Mansfield

Katherine Mansfield

Diario

Introducción:
John Middleton Murry

Traducción:
Antonio Bonanno

EDITORIAL
Losada

Mansfield, Katherine
 Diario. 1ª ed. – Buenos Aires: Losada, 2015. 224 p.; 23 x 15 cm. – (Grandes Clásicos)

 Traducido por: Antonio Bonanno
 ISBN 978-950-03-7250-3

 1. Narrativa Inglesa. I. Bonanno, Antonio, trad. II. Título.
 CDD 823

Primera edición: agosto de 2015

Título original:
Journal

© 2014, Editorial Losada, S. A.
Moreno 3362 – Buenos Aires, Argentina
www.editoriallosada.com.ar

Traducción: *Antonio Bonanno*
Tapa: *Javier Herrero*
Interiores: *Taller del Sur*

ISBN 978-950-03-7250-3
Depósito legal: AS 01361-2015
Queda hecho el depósito que marca la ley 11.723
Libro de edición argentina
Tirada: 2.000 ejemplares
Impreso en España – *Printed in Spain*

Introducción

Katherine Mansfield (Kathleen Beauchamp, luego Katherine Middleton Murry) nació en Wellington, Nueva Zelanda, el 14 de octubre de 1888. Era la tercera de una familia de cinco hijos. Los Beauchamp habían estado en Australia y Nueva Zelanda por tres generaciones. La mayor parte de su niñez la pasó en un pueblecito llamado Karori, a unos pocos kilómetros de Wellington, donde la escuela local era la única que había y donde debió compartir la educación que allí se impartía con el niño del lechero y las hijas de la lavandera (ver "La casa de muñecas"). Ella dejó registrado el dato de que le aceptaron su primer cuento a la edad de 9 años –recuerdo que decía que se lo publicaron en una revista llamada *The Lone Hand*– y que a la misma edad obtuvo su primer premio por una composición en la escuela del pequeño pueblo, cuyo tema era "Un viaje por mar".

A los 13 años fue enviada a educarse a Inglaterra, al Queen's College, de Harley Street, donde permaneció hasta los 18 años. Allí se encargaba de la publicación de la revista del colegio. Al igual que otros jóvenes de su generación, halló el comienzo de la libertad intelectual en su admiración por Oscar Wilde y los "decadentes" ingleses, pero en esa época sus intereses principales pasaron de la literatura a la música. Se convirtió en una aficionada del violonchelo y en una fina ejecutante.

Regresó a Nueva Zelanda muy en contra de su voluntad y pasó los dos años siguientes de su vida en una rebelión casi constante contra lo que por entonces consideraba la chatura y el provincialismo de una remota ciudad colonial. Inevitablemente, Londres le parecía el centro activo de toda la vida artística e intelectual. Una familia de músicos de Wellington, a los que

Katherine conocía íntimamente y que habían sido una especie de oasis en lo que a ella le parecía un desierto intelectual, abandonó Nueva Zelanda para vivir en Londres. Ante la partida de esa familia, se sintió desesperada. Realizó una intrépida expedición por los bosques de Nueva Zelanda, y al regresar persuadió a sus padres para que le permitiesen volver a Londres con una pequeña asignación de dinero.

Poco después abandonaba finalmente la música por la literatura. En vano presentaba sus manuscritos a los editores y, en un esfuerzo por aumentar sus magros ingresos, tuvo variadas y arduas experiencias en papeles menores en compañías viajeras de ópera y de teatro, hasta que la calidad de su prosa fue reconocida por el editor de *The New Age*. De 1909 a 1911 fue una colaboradora bastante habitual de ese periódico. Una serie de cuentos que escribió para *The New Age*, basados en sus experiencias mientras convalecía en Alemania después de una enfermedad, fueron reunidos y publicados en 1911 bajo el título *En una pensión alemana*. Ese libro obtuvo reconocimiento inmediato. Había alcanzado rápidamente la tercera edición cuando su venta se vio interrumpida por la repentina bancarrota del editor. Por *En una pensión alemana* recibió 15 libras a cuenta de regalías que, por supuesto, nunca cobró.

En diciembre de 1911 la conocí en la casa del novelista W.L. George. Por entonces, yo era estudiante en Oxford y editaba, con Michael Sadleir, una revista literaria juvenil llamada *Rhythm*. Katherine Mansfield empezó a escribir cuentos regularmente para esa publicación. Su primer cuento, "La mujer de la tienda", causó cierta sensación. *Rhythm*, que en sus tres últimos números tomó el nombre de *The Blue Review*, siguió publicándose un año más, lapso en el cual Katherine Mansfield y yo la dirigimos conjuntamente. La mayoría de los cuentos que Katherine escribió para la revista, a veces dos por mes, fueron reeditados en *Something Childish, and other Stories*.

Cuando en julio de 1913 se extinguió *The Blue Review*, Katherine Mansfield no tuvo dónde publicar. El hermoso cuento "Algo infantil pero muy natural", que escribió en París en diciembre de 1913, recibió el rechazo de todos los editores a los que fue presentado. Ninguno de sus cuentos halló dónde publicarse hasta el invierno de 1915, cuando Katherine Mansfield, D.H. Lawrence y yo presentamos tres números de una pequeña revista llamada *The Signature*, escritos totalmente por nosotros. *The Signature* se extinguió dos meses después y una vez más Katherine no tuvo dónde publicar hasta que, en 1919, me convertí en editor de *The Athenæu*. En los cuatro años entre 1915 y 1919, tres de sus cuentos fueron publicados por periódicos ingleses, todos en 1918. "Gloria" en *The English Review*, y "Cine" y "El hombre sin temperamento" en *Art and Letters*. Sin embargo, en 1917, *Preludio* había sido publicado como pequeño libro por Hogarth Press y, en 1918, *Je ne parle pas français* lo publicamos mi hermano y yo para una edición privada.

Preludio marca el comienzo de la fase final en el desarrollo de Katherine Mansfield. La guerra le había llegado como una profunda conmoción espiritual, al igual que a muchos escritores menos talentosos de su generación. Por un largo período quedó sin resolver el caos en el que habían caído sus pensamientos, ideales y propósitos. Luego, su mente empezó a volver con lentitud hacia su niñez, como una vida que había existido apartada e incontaminada por la civilización mecánica que había producido la guerra. El momento crucial fue cuando, en 1915, llegó a Inglaterra su amado hermano menor para servir como oficial. El encuentro con él formó, por así decirlo, un núcleo en torno del cual se pudo cristalizar su actitud cambiada. Conversaron sobre su infancia por horas y horas y Katherine Mansfield resolvió dedicarse a recrear la vida tal como la había vivido y sentido en Nueva Zelanda. La muerte del hermano, un mes más tarde, la confirmó en su propósito. En seguida partió de Inglaterra hacia Bandol, al sur de Francia, y empezó a trabajar en una larga historia de sus días de infancia, titulada "El áloe", que se publicó en forma modificada y abreviada con el título de *Preludio*.

Cuando apareció como pequeño volumen, *Preludio* fue ignorado por completo. La mayoría de los periódicos a los que fue enviado ni siquiera le hicieron una crítica. Los dos únicos que lo reseñaron, no hallaron nada particular en él. Pero Katherine Mansfield tuvo su momento de triunfo cuando se enteró de que el impresor local que compuso el libro había exclamado, al leer el manuscrito: "¡Caramba! ¡Pero estos niños son reales!". Era característico de ella que prefiriera el elogio de la gente simple, "no literaria", al de los cultos y los críticos. Esa característica se acentuó más después cuando, tras la publicación de *Gloria*, empezó a recibir muchas cartas de personas simples que gustaban de su trabajo y, sobre todo, de la niña Kezia que aparecía en él. Sentía que tenía una responsabilidad respecto de esa gente: a ellos debía decirles la verdad y nada más que la verdad. Esa preocupación por la verdad en lo que decía, y en sí misma para ser digna de decirla, se convirtió en la pasión dominante de sus últimos años. Se apartó de la literatura moderna: de los trabajos contemporáneos, muy pocos eran los que la parecían "veraces". "Los escritores no son *humildes*", solía decir. No servían al gran objetivo para satisfacer al cual existe la literatura.

Entretanto, *Preludio* fue poco más que un *succès d'estime*, si en realidad lo fue. Su calidad singular y exquisitamente original no fue apreciada de verdad hasta que apareció como el primer cuento en "Gloria".

Pero en diciembre de 1917, poco después de que terminara de revisar el manuscrito de *Preludio* para la imprenta, Katherine Mansfield tuvo un grave ataque de pleuresía. La melancolía, la depresión y la falta de sol de una Londres ya por completo bajo la sombra de la guerra, tuvo un efecto profundo sobre esa persona cuya infancia había transcurrido en un clima más benigno. Katherine Mansfield anhelaba el sol. Confiaba en que no tendría más que volver a su amado Bandol, en el sur de Francia, para recuperarse. Por lo tanto, partió de Inglaterra a comienzos de enero de 1918. Pero las condiciones de los viajes por Francia en ese último año de la guerra eran tales que las penurias que sufrió (había emprendido el viaje sola) empeoraron su salud y, para su tristeza, Bandol mismo estaba muy cambiado: la guerra también lo había deteriorado. En cuanto llegó, enferma y sola, deseó desesperadamente regresar a Inglaterra. La adversidad entorpeció sus esfuerzos por volver. Las autoridades demoraron semanas antes de otorgarle autorización, y el mismo día que llegó a París, débil y ya gravemente enferma, se inició el gran bombardeo de esa ciudad y se suspendió todo tránsito civil entre Inglaterra y Francia. Las penurias de su viaje a Francia convirtieron su pleuresía en tuberculosis.

Viajó a Looe, en Cornualles, para el verano de 1918, y volvió a una casa nueva en Hampstead para el invierno. En la primavera de 1919 me convertí en editor de *The Athenæum*, y Katherine comenzó a escribir críticas de novelas bajo las iniciales K.M., que se hicieron famosas, y poco después empezó a escribir un cuento por mes para el periódico. Luego, por primera vez, los editores comenzaron a pedirle que reuniera sus cuentos y a principios de 1920 apareció "Gloria", por el que recibió un adelanto de 40 libras.

Antes de la aparición de ese libro, una vez más su enfermedad la había obligado a marcharse de Inglaterra. Pasó el invierno de 1919-1920 en Ospedaletti y Mentone, donde tuvo noticias del éxito de su libro. Volvió a Hampstead para el verano y en setiembre marchó otra vez a Mentone. De ahí pasó, en mayo de 1921, a Montana, Suiza.

En el otoño de 1921 completó *La fiesta en el jardín y otros cuentos*, que se publicó en la primavera de 1922, cuando ella se encontraba en París, adonde había ido en febrero para realizar un tratamiento especial. La aparición de *La fiesta en el jardín* finalmente la consagró como la más notable escritora de cuentos de su generación en Inglaterra.

Pero ahora, en 1922, escribir se había vuelto para ella una lucha casi imposible, no sólo contra la enfermedad sino también contra una convicción íntima de que debía realizar cierta tarea de purificación interior antes de poder continuar, antes de que fuera digna de expresar la verdad completa que aprehendía en su mente. "El canario", el último cuento completo que escribió, fue concluido en julio de 1922. En octubre de ese año dejó deliberadamente de escribir por el momento y se retiró a Fontainebleau, donde murió repentina e inesperadamente en la noche del 9 de enero de 1923.

Es difícil para mí intentar una evaluación crítica de la obra de Katherine Mansfield. Por años, estuve muy implicado en esa obra. Creía en ella, la publiqué y, por un momento muy breve, incluso la imprimí con mis propias manos. Y ahora, y siempre, me es y me será imposible sentirme completamente ajeno. Sólo puedo decir que su obra me parece de una clase más fina y pura que la de sus contemporáneos. Es más espontánea, más vívida, más delicada y más hermosa. Katherine Mansfield respondió de manera más completa a la vida que cualquier escritor que yo haya conocido, y el efecto de esa respuesta más completa está en su obra.

Tiene mayor afinidad con los poetas que con los prosistas ingleses. No existe escritor inglés de prosa con el que pueda relacionársela.[1] La revolución que ella realizó en el arte del cuento en Inglaterra fue enteramente personal. Muchos escritores han intentado continuar su obra, pero ninguno ha logrado resultados comparables. Su secreto murió con ella. Y de los muchos críticos que han intentado definir la cualidad de su obra que la torna tan inimitable, cada uno se ha visto obligado a abandonar, entristecido, el esfuerzo. Resulta notable, sin embargo, que la admiración más sincera que ha recibido su obra provenga de los más distinguidos cuentistas que tenemos en Inglaterra: H.G. Wells, John Galsworthy, Walter de la Mare, H.M. Tomlinson, Stacey Aumonier, Barry Pain, Ethel Colburne Mayne. Esos profesionales del arte la saludan, unánimemente, como *hors concours*, aunque les resulta tan difícil como a cualquier crítico decir en qué consiste su superioridad. Y tal vez un hecho más notable sea que sus cuentos han tenido un desacostumbrado éxito popular. A pesar de todo su arte, tal vez más exactamente porque su arte era de una clase peculiarmente instintiva, los cuentos de Katherine Mansfield son leídos y apreciados por innumerables personas sencillas, que encuentran en sus personajes una viva realidad

---

[1] Existe cierto parecido entre los cuentos de Katherine Mansfield y los de Antón Chéjov. Pero esa semejanza suele ser exagerada por los críticos, quienes parecen creer que Katherine Mansfield aprendió su arte de Chéjov. Ésa resulta una visión muy singular de la relación, que en realidad era de temperamentos afines. En verdad, la técnica de Katherine Mansfield es muy diferente de la de Chéjov. Ella admiraba y entendía la obra de Chéjov como pocos escritores ingleses lo han hecho. Poseía, como lo demuestra su *Diario*, un profundo afecto personal por el hombre al que, naturalmente, nunca conoció. Pero su método era completamente suyo, y su desarrollo habría sido exactamente el mismo aunque nunca hubiese existido Chéjov.

que es poco común en la literatura que leen. Y puede ser que la más simple crítica de su obra sea la más correcta y que el juicio más adecuado sea el del impresor a quien he citado: "¡Pero estos niños son *reales*!". Sin embargo, es imposible para alguien que la conoció de manera tan íntima, quien (en cierto sentido) trabajó con ella durante la mayor parte de su carrera como escritora, quien copió y puntuó y criticó sus cuentos mientras se estaban creando, permanecer silencioso acerca de un elemento de la naturaleza de ella que, me parece, fue esencial para una cualidad peculiar de su obra. Esa cualidad peculiar de su arte solo puedo describirla como una especie de *pureza*. Es como si el cristal a través del cual ella miraba la vida fuera de una nitidez total. Y esa cualidad de su obra corresponde a una cualidad de su vida. Katherine Mansfield era natural y espontánea como ningún otro ser humano de cuantos he conocido. Parecía ajustarse a la vida así como una flor se adecua a la tierra y al sol. Sufrió mucho, se deleitó mucho: pero su sufrimiento y su deleite nunca fueron parciales, sino que la ocuparon por completo. Era sumamente generosa, sumamente valiente. Cuando se daba, a la vida, al amor, a algún espíritu de la verdad a la que servía, se daba realmente. Amaba la vida, con toda su belleza y su dolor. Aceptaba la vida por completo y poseía el derecho de aceptarla, porque había soportado en sí misma todo el sufrimiento que la vida puede prodigar sobre una sola alma.

El breve esbozo biográfico que acabo de dar fue escrito para información de las muchas personas que me han pedido detalles de la vida de Katherine Mansfield. Se lo publica acá para que sirva como antecedente del *Diario* y de los dos volúmenes de cartas que ahora se preparan. En cuanto al *Diario* mismo, se hacen necesarias unas pocas palabras de presentación.

En distintas épocas de su vida, Katherine Mansfield alentó el plan de escribir para su publicación "una especie de pequeño libro de notas" (ver entrada del 22 de enero de 1916). En sus manuscritos pueden rastrearse tres intentos separados de poner en ejecución el plan, y en una oportunidad llegó a pedirme que arreglara su publicación con un editor. Las notas para ese "libro de notas" se reescribirían a partir de entradas de su *Diario*. En unos pocos casos, como en mayo de 1919, la entrada del Diario y la nota existen lado a lado.

El resto del material que compone el *Diario* es de diferentes clases: breves (y a veces difíciles) notas para cuentos, fragmentos de diarios, cartas no enviadas, comentarios y confesiones dispersos entre sus manuscritos. A estos les he agregado un mínimo necesario de palabras explicativas.

Excepto una sola entrada, el *Diario* comienza en 1914. Los "grandes diarios quejosos" de los que habla Katherine Mansfield (14 de febrero de 1916) fueron todos destruidos. Era inflexible con su propio pasado y no dudo que lo que ha perdurado es casi todo lo que, por una u otra razón, ella deseó que perdurara.

John Middleton Murry

Diario

1910

[K.M. destruyó inflexiblemente todo registro del periodo entre su regreso a Inglaterra de Nueva Zelanda, en 1904, y 1914. El fragmento que sigue es todo lo que resta de sus "grandes diarios quejosos" (ver pág. de febrero de 1916). Pertenece a 1910, a aquella estada en Baviera que fue el origen de su primer libro, En una pensión alemana. *Una posterior alusión a su tristeza en Baviera se encontrará en su Diario de diciembre de 1920].*

Junio. [1910] Por fin ha terminado este día tedioso, y el crepúsculo está empezando a colarse entre las ramas del castaño empapado. Creo que debo haber tomado frío en mi hermosa y divertida caminata de ayer, porque hoy estoy enferma. Empecé a trabajar pero no pude. Tener que ponerme dos pares de medias y dos abrigos, usar una botella de agua caliente en junio, y tiritar... Creo que es el dolor lo que me hace temblar y sentirme mareada. Estar sola todo el día, en una casa de la que cada sonido es algo ajeno, y sentir una terrible confusión en el cuerpo que la afecta a una mentalmente, que de pronto le representa a una detestables incidentes y repugnantes personalidades, que una sólo consigue quitarse de encima para descubrir que reaparecen mientras el dolor parece aumentar otra vez. ¡Caramba! No volveré a caminar descalza por los bosques salvajes. No hasta que me haya acostumbrado al clima...

La única cosa encantadora que puedo imaginar es que mi abuela me haga acostar y me traiga un tazón de leche caliente con pan y, de pie con sus manos entrelazadas, el pulgar izquierdo sobre el derecho, me diga con su voz adorable: "Ahí tienes, querida, ¿no es rico eso?". Oh, qué milagro de felicidad sería. Despertar más tarde y encontrarla levantando las cobijas para ver si mis pies están fríos y envolviéndolos con una pequeña camiseta rosada, más suave que piel de gato... ¡Ah!

Mañana del domingo. Aun otro domingo... Está lloviendo de nuevo hoy, una lluvia persistente que parece llevarme de una mañana a la otra. Cuando terminé de escribir bajé a cenar, tomé un poco de sopa, y el doctor que estaba a mi lado dijo de pronto: "Por favor, vaya a la cama *ahora*" y me fui como un cordero y bebí leche caliente. Fue una noche de agonía. Cuando creí que por fin había llegado la mañana, encendí una vela, miré el reloj y descubrí que sólo eran las 12 menos cuarto. Ahora sé qué es luchar contra una droga. El veronal estaba sobre la mesa junto a mi cama. Olvido... sueño profundo... ¡nada menos! Pero no tomé. Ahora estoy levantada y vestida.

1914

[En febrero de 1914, cuando se escribieron las siguientes entradas, Katherine Mansfield y yo vivíamos en París, en 32 rue de Tournon. Nos resultó imposible ganar el dinero suficiente y debí volver a Londres a buscar trabajo].

"Un bienestar calmo, irresistible, de naturaleza casi mística, y sin embargo relacionado con el estado físico" [*Diario* de Dorothy Wordsworth].
Escribe Dorothy:

William [P.G.][1] está muy bien,
Y gravemente gozoso –conoces su estilo-
Conversando con aspérulas y campanillas
Y holgando todo el día de verano
Como muy bien puede permitirse.
(P.G. también en ese sentido). ¿Porque quién
Está más divinamente autorizado?
Se levanta y desayuna a las 7 en punto.
Luego pega helechos en su libro,
Hasta que a las 11 llega su leche
Con dos frescos scones horneados por la cocinera.
Luego camina por el sol
Hasta que almorzamos a las 13.30.
"Dios y la cocinera son muy buenos",
Ríe William, paladeando su comida.
(A veces las lágrimas asoman a mis ojos:

---

[1] P.G. Huésped que paga.

¡qué amable es y, oh, qué inteligente!).
Después se sienta y me lee
Hasta las 4, cuando tomamos el té.
Oh, no podrías creer
Que William tanto suspiraría y padecería
Por un cuento infantil simple.
Cómo "Mary pisó un caracol"
O "El pequeño Ernie perdió su baldecito".
Y luego tal vez una buena sonrisa a medias
Y camina para abrir el apetito
Para la comida que tomamos a la noche
Según el sustancioso estilo campesino.
A las 9 está en la cama bien dormido,
No *roncando*, pero muy dormido,
Oh. Muy profundamente dormido, en verdad...

Y así en más *ad lib*. ¡Qué hombre!
Voy a leer a Goethe. Salvo unos pocos poemas, no conozco nada de su obra. Leeré *Poesía y verdad* inmediatamente.

"Cuando todo está hecho la vida humana, en el mejor de los casos, es un niñito díscolo al que hay que entretener y divertir un poco, para que se tranquilice hasta que caiga dormido, y entonces el cuidado ha concluido" (Temple).

Ése es el tipo de tono –no por lo que dice y significa sino por el "acento"– que me hace escribir.

El niño en mis brazos

"¿Me tocarás con el niño en mis brazos?" no es mera agudeza. Si se cambia "¿Me tocarás?" por "¿Puedes tocarme?", ¡es *tief, sehr tief*! Estaba pensando ahora mismo que ni me atrevo a darles rienda suelta a mis pensamientos de J., a mi deseo de J. Y pensé: si tuviese un niño, ahora jugaría con él y *me perdería en él* y lo haría reír. Y usaría al niño como protección contra mi sentimiento más profundo.

Cuando pensé: "No, no pensaré más en eso; es intolerable, insoportable", haría brincar al niño.

Eso les corresponde, creo, a todas, todas las mujeres. Y explica el curioso aspecto de seguridad que se ve en las madres jóvenes: están a salvo de cualquier sentimiento *esencial* por el niño que tienen en sus brazos. Y también da razón de las mujeres que llaman "niños" a los hombres. Esas mujeres se llenan con sus hombres, se sacian hasta alcanzar un estado de absoluta crueldad. Observen la sonrisa astuta, satisfecha, de las mujeres que dicen: "¡Los hombres no son más que niños!".

"Ninguno de los dos estaba tan enamorado como para imaginar que 350 libras por año les proporcionarían todas las comodidades de la vida" (*Elinor and Edward* de Jane Austen). ¡Mi Dios, digo yo!

Fui al cuarto de J. y miré a través de la ventana. Anochecía, había poca luz y todo se veía muy suave... la Hora Extraña cuando la gente nunca parece estar en foco. Observé a un hombre que caminaba hacia uno y otro lado de la calle —parecía una mosca caminando por una pared— y unos hombres atareándose con una carretilla, todo traseros y pies. En la casa de enfrente, por una ventana de la planta baja, de gruesos barrotes, se veía a una niñita morena envuelta en un chal gris que leía un libro. Su cabello estaba partido en el centro de la cabeza. Tenía un pequeño rostro oval. Era muy encantadora, así enmarcada por la ventana con el blanco brillante del libro. Sentí cierto apasionamiento español...

Es como si Dios abriera su mano y le permitiera a uno bailar un poco sobre ella, y luego la cerrara con fuerza, tan apretada que uno ni siquiera puede llorar... El viento es terrible esta noche. Estoy muy cansada, pero no puedo irme a la cama. No puedo *dormir* ni *comer*. Demasiado cansada.

"Era el toque de arte que P. estaba experimentando, el inexorable toque mágico que aún transforma a pesar de nosotros; que nunca duda en probar y examinar los materiales que debe transmutar, pero nunca deja de transmutarlos".

[*Hacia fines de febrero de 1914 habíamos regresado a Londres, con poco más que las ropas que llevábamos puestas. Durante unas pocas semanas vivimos en un piso amueblado en Beaufort Mansions, Chelsea. Desde las ventanas posteriores se tenía la vista de un aserradero y un cementerio*].

Un sueño

6 de marzo. K. T. y su hermana estaban caminando por un camino bordeado de un lado por una alta cuesta y del otro por una profunda hondonada. Tan profunda era la hondonada que los riscos de su base brillaban como puntas de dientes, agudas y pequeñas. Su hermana estaba muy asustada y se le aferraba del brazo temblando y llorando. De modo que K.T. ocultó su terror y dijo: "No ocurre nada. No ocurre absolutamente nada". Llevaba un pequeño manguito de piel negra en una mano.

De repente apareció en marcha hacia ellas un carro como el del libro de latín, tirado por seis fuertes caballos a los que conducía un auriga de gorro. Se acercaban con un furioso galope, pero el auriga estaba sereno; una sonrisa tranquila y pérfida teñía sus labios.

"¡Oh, K.T.! ¡Oh, K.T.! Tengo miedo", sollozó la hermana.

"No ocurre nada. No ocurre absolutamente nada", la reprendió K.T.

Pero mientras ella observaba el carro, sucedió algo extraño. Aunque los caballos mantenían su galope cerrado, no iban hacia ella y su hermana, *sino que galopaban hacia atrás*, mientras el auriga sonreía como demostrando profunda satisfacción. K.T. puso el manguito negro sobre el rostro de su hermana. "Se han ido. Han desaparecido". Pero ahora el estrépito ensordecedor llegada desde atrás de ellas, como el sonido de un ejército de jinetes con resonantes armaduras. El ruido parecía cada vez mayor y más próximo. "¡Oh, K.T.! ¡Oh, K.T.!", gimió la hermana, y K.T. apretó los labios y se limitó a estrecharle el brazo. El ruido estaba sobre ellas... en un momento... *ahora*.

Y nada ocurrió, salvo un caballo negro tan alto como una casa, con un oscuro y sereno jinete de amplio sombrero que se deslizaba frente a ellas como una nave a través de un agua oscura, pasaba con aire de importancia cuesta abajo. La visión era tan aterradora que K.T. supo que soñaba. "Debo despertarme de inmediato". Y se esforzó por cerrar los ojos y apartar la escena, que se negaba a desaparecer. Trató de llamar y sintió que sus labios se abrían, pero no salió sonido alguno. Gritó y lloró sin un solo sonido hasta que por fin notó la cama y levantó la cabeza en la ardiente oscuridad del dormitorio.

La vista desde mi ventana, esta mañana, es tan tremendamente excitante. Sopla un gran viento y el cristal está salpicado de lluvia. En el aserradero, junto al cementerio, hay grandes charcos de agua, y llega humo desde...

19 de marzo. Soñé con Nueva Zelanda. Muy delicioso.

20 de marzo. Otra vez soñé con N.Z., uno de esos sueños dolorosos en que estoy allá, y confundida acerca de mi pasaje de regreso.

21 de marzo. Viajé con dos mujeres oscuras. Una llevaba una canasta de álsines sobre el brazo y la otra una canasta de narcisos. Ambas cargaban niños atados de alguna manera a sí mismas con una manta raída. Mujeres prolijas y enjutas de pelo peinado y trenzado Conversaban entre sí a través del ómnibus. Luego, una mujer sacó un pedazo de pan de su abultado bolsillo y se lo dio al niño, y la otra abrió su corpiño y puso a su niño a mamar. Estaban sentadas, mecían las rodillas y echaban rápidas miradas a los pasajeros del ómnibus. Parecían ocupadas e indiferentes.

22 de marzo. Fui al Albert Hall con B.C. Un concierto malo, aburrido. Pero todo el tiempo pensé que más me conviene estar con músicos que con otra gente, y que ellos son míos, realmente. Un violinista (a kilómetros de distancia) inclinó la cabeza y su pelo pareció el de G.: eso fue lo que me hizo pensar así, supongo. Debería poder escribir magníficamente sobre ellos.

23 de marzo. Cuando estoy sola, siempre me siento más o menos activamente infeliz. Si no fuera por J., debería vivir sola. Está lloviendo, tengo frío y mi fuego se ha apagado. Afuera los gorriones pían como los pollos. ¡Oh, Dios! ¡Qué escena diferente evoca el sonido! El sol cálido y las pequeñas bolitas amarillas, tan delicadas, que pisan las hojas de pasto, y Sheehan que me da el pollo más pequeño envuelto en una franela para que lo lleve al fuego de la cocina. [Sheehan era el original de Pat en "Preludio"].

24 de marzo. Cumpleaños de mamá. Escribí a las 2 en punto y me levanté y me senté en el antepecho de la ventana a pensar en ella. Me gustaría volver a verla con su pequeña arruga en el entrecejo, y oír su voz. Pero no creo que lo haga. Mi recuerdo de ella es tan completo que no creo que se altere. [Katherine Mansfield no volvió a ver a su madre].

Los P. comieron anoche con nosotros. Fue aburrido. Son dignos y agradables, pero la señora P. es una pesada y P. me hace sentir vieja. Sólo gusta de mí por lo que yo era y cree que la Katherine "normal" está anormalmente quieta y un tanto falta de vida. No quiero volver a verlos. ¡Gracias a Dios! Hay un poco de sol hoy.

Esta noche el río estaba bajo y las pequeñas paredes, las torres y las chimeneas de la margen opuesta se veían negras contra la noche. Pienso todo el tiempo en *París* y en el *dinero*. Estoy derivando todo mi impulso de los atardeceres.

25 de marzo. Hoy L. M. y yo viajamos kilómetros. Nos sentamos charlando en un ómnibus y de tanto en tanto, cuando yo levantaba la cabeza, veía los árboles con sus hojas como mariposas listas para volar. Nos encontramos cerca de los antiguos lugares –Queen Anne Street– y caminamos por una callejuela y por los atajos que conocemos tan bien... una junto a la otra, charlando. "Déjame anudarte el velo" y me detengo: ella lo anuda y seguimos la marcha. En el negocio persa ella se apoyó contra una cortina de seda roja y negra. Estaba muy pálida y su sombrero negro parecía enorme. Todo el tiempo quiso comprarme "estas cosas... siente qué suaves son" y sonrió y habló poco menos que en un susurro por el cansancio.

26 de marzo. Luna nueva, 6 horas 9 minutos de la tarde. (Pero no la vi). L. M. y yo tomamos el tranvía hasta Clapham. Ella se marchó hacia las 9 de la noche, después de vestirme. Cuando salgo de entre sus manos me siento cargada de coronas de flores. Una noche tonta, irreal, en casa de la señora R. Bellas salas y hermosa gente, buen café y cigarrillos en una cigarrera de plata. Una especie de rincón de falsa atmósfera Meredith. A.R. posee un rostro jovial y bonito... eso fue todo. Me sentí desgraciada. No tengo nada que decirles a las mujeres "encantadoras". Me siento como un gato entre tigres. Las damas, cuando quedaron solas, hablaron de fantasmas y de partos. Me siento desgraciadamente infeliz entre todos... y el silencio...

27 de marzo. Estoy escribiendo para que venga L. M. Ella se ha demorado mucho. Todo se encuentra en un estado de suspenso... incluso los pájaros y las chimeneas. Atemorizada *en privado*.
   A último momento, L. M. ni dijo "adiós" sino que tomó el violín y corrió. Me alejé por unas calles angostas; caían grandes gotas de lluvia. Pasé por unos almacenes empacadores y el delicioso olor de madera fresca y paja me recordó Wellington. Casi pude imaginar un aserradero. Por la noche los C. y el pequeño loro balanceándose en un alambre.

28 de marzo. Puse mis ropas en orden. Los azafranes de Battersea me recordaron el otoño de Baviera. El suelo está húmedo y parece como si el invierno se estuviese yendo: el pasto largo y verde entre las flores pisoteadas. Los pájaros tienen un aspecto más silvestre que las más salvajes de las fieras. Pensando en un bosque de pájaros *salvajes*... o si los pájaros "se convirtieran" aun acá. Quiero estar sola. La *magnolia conspicua* está en flor.

29 de marzo. Hoy voy a empezar una obra.

30 de marzo. "Me temo que usted sea demasiado psicologista, señor Temple". Luego salí y compré el tocino.

31 de marzo. Una mañana espléndida, pero como sé que tengo que ir a cambiar el cheque y pagar las cuentas, no puedo hacer nada y me siento desgraciada. La vida es un asunto odioso, no se puede negar. Cuando G. y J. estaban hablando en el parque de bienestar físico y de cómo aún podían desear las "fiestas", casi gimo. Y estoy segura de que J. podría derivar mucho placer de la sociabilidad placentera. Yo no. He terminado con eso y ya ni puedo enfrentarlo. Preferiría mucho más apoyarme ociosamente en el puente y observar las lanchas y la gente libre y desconocida y sentir cómo sopla el viento. No, odio la sociedad. La idea de la obra me parece una necedad total hoy.

1° de abril. Pasé otro día espantoso. Nada me ayuda o podría ayudarme salvo una persona capaz de adivinar. Fui a dar un paseo y tuve cierta vaga alegría que me dieron unos niños y el ruido del agua como olas que se elevan.

2 de abril. Otra vez he empezado a dormir mal y decidí romper todo lo que he escrito y comenzar de nuevo. Estoy segura de que eso es lo mejor. Esa angustia persiste y me siento tan oprimida. Si pudiese escribir con mi antigua fluidez por *un día*, se rompería el hechizo. Es el esfuerzo continuo, la lenta formación de mi idea y luego, ante mis ojos y sin que pueda hacer nada, su lenta disolución.

3 de abril. Esta tarde fui a dar un paseo por el río y observé los barcos. Dos tenían velas rojas y uno blancas. Los árboles florecen casi ante los ojos de uno en este clima cálido: pimpollos blancos grandes como pájaros en los castaños, y árboles redondos salpicados de verde. El mundo es sumamente hermoso. Mi carta a L. M. fue un gran esfuerzo. De alguna manera ella parecía "no tener probabilidades". Pero lo mismo ocurre con todo el mundo. Siento un verdadero terror de que la gente se me acerque.

No podría *soportarlos*. Desearía vivir en un lanchón, con J. por esposo y un hijito.

4 de abril. Esta mañana obtuve una victoria moral, para mi gran alivio. Salí a gastar 2 chelines y 11 peniques y no los gasté. Pero nunca he tenido un día más horrible. Terriblemente solitario. Nada que no sea satírico me parece verdadero para escribirlo ahora. Si trato de encontrar agradables las cosas, mi intento se vuelve demasiado afectado. Y al mismo tiempo, tanto me asusta escribir burla por sátira que mi pluma duda y no se decide. Comí con los C. y D. Después fuimos al café Royal. Las ovejas balaban y nosotros les hicimos una débil contraparte. Vi una riña. La mujer de espaldas a mí, sus brazos curvados filosamente en los codos, su cabeza como sacada hacia afuera, como un gran pájaro.

5 de abril. Ningún pájaro se posa en un árbol más orgullosamente que una paloma. Parece como si el Señor la hubiera puesto allí. El cielo se veía de un sedoso azul y blanco y el sol brillaba a través de las pequeñas hojas. Pero los niños, oprimidos y necesitados, me hicieron sentir un poco alejada de Dios.

6 de abril. Salí con J. a buscar un negocio; pero en cambio llegamos a Swan Walk y pasamos una y otra vez y observamos las hermosas casas, blancas con los floridos perales en los jardines y las rejas verdes y los portales bellamente tallados. Deseo tanto una casita. Mi mente está llena de bordados, pero no hay ningún material que los mantenga unidos o que los vuelva fuertes. ¡Un tonto estado! L. M. parece estar desapareciendo. Apenas puedo recordarla objetivamente: subjetivamente, sigue siendo la misma.

7 de abril. El cielo se abrió esta noche para el crepúsculo. Cuando pensé que el día estaba cerrado y sellado, llegó un estallido de brillantes pétalos del cielo... Me senté detrás de la ventana, punteada por la lluvia, y miré hasta que aquella cosa sólida de mi pecho se fundió y se convirtió en la más pequeña de las fuentes, susurrante como en otro tiempo, y bebí el cielo y el susurro. Ahora, ¿quién debe decidir entre "Déjalo estar" y "Fuérzalo"? J. cree en el látigo: dice que su corcel tiene mucha fuerza, pero es perezoso y recula ante la perspectiva de tal viaje. Yo pienso, si el mío no galopa y brinca a voluntad, no estoy cabalgando en absoluto, sino sólo balanceándome en su cola. Por ejemplo, hoy... Esta noche él está chispeante.

Mayo. Hoy es domingo. Está lloviendo un poco y los pájaros pían. Hay olor a comida y el ruido de picar coles.

Oh, si sólo pudiera hacer una celebración y escribir un poco. Deseo y deseo escribir, pero las palabras no quieren venir. Es un extraño asunto. Sin embargo, cuando leo a gente como Gorki, por ejemplo, comprendo cuántas calles más adelantada que ellas estoy...

Julio... Luego pasé la mano por encima y busqué a tientas un cerrojo, y después a través de las barras. Creo que no se esperará que uno salte por encima, pensé... o subir en bicicleta por este lado y sumergirse en una fuente de agua real del otro...

A la Belleza. ¿Por qué ibas a venir esta noche cuando está tan frío y gris y cuando las nubes son pesadas y las abejas están preocupadas en sus giros?

17 de agosto. Simplemente no puedo creer que haya habido una época en que me interesó Turguéniev. ¡Tal *poseur*! ¡Tal hipócrita! Es verdad que tenía maravillosos talentos, pero pienso siempre qué magnífico (¿tema para el cine?) sería *La víspera*.

30 de agosto. Vamos a Cornualles mañana, supongo. He releído mi diario. Díganme, ¿hay un Dios? Soy vieja esta noche. Ah, ojalá tuviese alguien que me amara, que me consolase y me hiciera dejar de pensar.

> [*Después de dos cambios de cuartos en Chelsea y una quincena en una casita de campo alquilada en Merryn, Cornualles, en setiembre de 1914 tomamos una fea casucha en The Lee, cerca de Missenden, en Buckinghamshire, donde fueron escritas las siguientes entradas*].

3 de noviembre. Esta noche hay una violenta luna llena. Al lado de la puerta del frente hay un campo de grandes nabos y más allá, un erizado bosque con bandas rojas de luz detrás. Por la puerta trasera se ve un viejo árbol al que le quedan sólo una o dos hojas y una luna encaramada sobre sus ramas. Me siento muy profundamente feliz y libre. Colette Willy está en mis pensamientos esta noche. Me siento íntimamente despierta y como estirándome de tal manera que estoy en puntas de pie, llena de feliz alegría. ¿Puede ser que uno se renueve?

¡Querido, querido Samuel Butler! Espere: lo haré sentirse orgulloso. Mañana, hacia las 10.30, entro en acción.

15 de noviembre. Está muy tranquilo. He releído *L'Entrave*. Supongo que Colette es la única mujer en Francia que hace lo mismo. Me importa un bledo toda la gente que conozco, salvo ella. Pero el libro a escribir aún sigue sin escribirse. No puedo sentarme y trabajar como J.

16 de noviembre. Una carta de F. No la había esperado y, sin embargo, cuando llegó, me pareció inevitable: la escritura, el tipo de letra, su confianza y su vida cálida y sensacional. Ojalá él fuese mi amigo; está muy cerca de mí. Su personalidad se percibe en sus cartas a J. y a mí me dan ganas de reír y correr por el camino.

28 de diciembre. El año casi ha terminado. Ha caído nieve y todo está blanco. Hace mucho frío. He pasado mi escritorio a un rincón. Quizá pueda escribir más fácilmente aquí. Sí, este es un buen lugar para el escritorio, porque no puedo ver por la estúpida ventana. Estoy muy aislada. La lámpara está sobre un ángulo y *en* el ángulo. Sus rayos caen sobre la cortina india amarilla y verde y sobre la lista de bordados rojos. El desdichado viento casi no respira. Me encanta cerrar los ojos por un momento y pensar en la tierra, afuera, blanca por la mezcla de nieve y luz de luna, los montículos de piedra junto al camino, blancos, la nieve en las arrugas. ¡*Mon Dieu*! ¡Qué tranquilo y qué paciente!

1915

1° de enero. ¡Qué pequeño diario despreciable! Pero estoy decidida a continuar este año. Despedimos el año viejo y recibimos el año nuevo. Una noche encantadora, azul y dorada. Repicaban las campanas de la iglesia. Salí al jardín, abrí el portón y casi... me voy caminando. J. estaba de pie ante la ventana, exprimiendo una naranja en una taza. La sombra del rosal caía sobre el césped como si fuese un pequeño ramo. La luna y el rocío habían puesto lentejuelas sobre todas las cosas. Pero a las 12 en punto me pareció oír pisadas en el camino, me asusté y corrí hacia la casa. Pero no pasó nadie. J. pensó que me comportaba como una gran niña durante toda esa noche. El fantasma de L. M. corrió por mi corazón, su pelo desplegado, muy pálida, sus ojos oscuros espantados.

Para este año tengo dos deseos: escribir, ganar dinero. Consideremos: con dinero podríamos marcharnos como queremos, tener una casa en Londres, ser libres como lo deseamos, y ser independientes y orgullosos con todos. Es sólo la pobreza la que nos mantiene tan unidos. Bien, J. no desea dinero y no lo va a ganar. Yo debo conseguirlo. ¿Cómo? Primero, terminar este libro.[2] Eso es un comienzo. ¿Cuándo? A fines de enero. Si lo haces, estás salvada. Si escribiera noche y día podría lograrlo. Sí, podría. Siento que la nueva vida se aproxima. Creo, como siempre he creído. Sí, vendrá. Todo andará bien.

2 de enero. Una mañana y una tarde horribles. *Je me sens incapable de tout,* y al mismo tiempo no estoy escribiendo muy

---

[2] "Este libro" alude, creo, a una novela titulada *Maata*, de la que sólo perduran los dos capítulos iniciales y una sinopsis completa.

bien. Debo terminar mi historia mañana. Debería trabajar en ella todo el día... sí, todo el día y también la noche, de ser necesario. Un día detestable. *J'ai envie de prier au bon Dieu comme le vieux père Tolstoi.* Oh, Señor, hazme una criatura mejor mañana. *Le coeur me monte aux lèvres d'un goût de sang. Je me deteste aujourd'hui.* Comí en la casa de L. y conversé acerca de la Isla.[3] Se trata de algo muy real, salvo que cierta parte de mí es ciega a él. Hace seis meses yo hubiese saltado.

Lo más importante que siento últimamente acerca de mí es que estoy envejeciendo. Ya no me siento como una niña, ni siquiera como una joven. Siento realmente que ya he pasado la flor de la edad. A veces, el temor de la muerte es horrible. Me siento tanto más vieja que J., y él lo reconoce, estoy segura. Antes nunca lo hacía, pero ahora con frecuencia me habla como un joven a una mujer mayor. Bien, tal vez eso sea bueno.

3 de enero. Un día frío, feo. Ya estaba oscuro poco después de las dos. Lo pasé tratando de escribir y corriendo de mi cuarto a la cocina. No podía entrar en calor realmente. El día parecía interminable. A la noche leí y más tarde, con J., leímos mucha poesía. Si yo viviera sola necesitaría mucho de la poesía. Conversé con J. sobre la idea de la isla. Sé que para mí ha llegado demasiado tarde.

4 de enero. Me desperté temprano y vi una rama nevada a través de la ventana. Hace frío, ha caído nieve que ahora se está derritiendo. Los cercos y los árboles están cubiertos de cuentas de agua. Muy oscuro, además, con un viento de alguna dirección. Deseo estar sola por un poco.

Hago la promesa de terminar un libro este mes. Escribiré todo el día y también por la noche, para poder terminarlo. Lo *juro*.

5 de enero. Vi la salida del sol. Un hermoso cielo color damasco con llamas y luego un solemne rosado. ¡Dios, qué belleza!

---

[3] Un plan, de cuya seriedad no puedo opinar dados los años transcurridos, de crear una colonia en una isla remota. Era probablemente del mismo orden de seriedad que la colonia pantisocrática de Coleridge en Susquehannah.

Oí golpes y bajé. Era Benny, que estaba cortando la hiedra. Sobre el sendero estaban los nidos caídos: manojitos de heno y plumas. Él mismo parecía un arbusto de hiedra. Hice un té y se lo llevé arrib a J., que estaba semidormido, con los párpados arrugados. Me siento tan llena de amor hoy, después de haber visto la salida del sol.

Noche. He escrito bastante.

9 de enero. J. fue al pueblo. Trabajé un poco... corrí a los pollos. Un pollo marrón se negaba a irse del jardín. Cuando ya sabía que no había ninguna abertura en el alambrado, empezó a correr hacia un lado y el otro. No debo olvidarlo, ni el frío que hacía, ni el modo en que el barro ensució mis delgados zapatos. Por la noche, L. y K. conversaron sobre sus planes, pero me sentí muy opuesta a todo el asunto.

10 de enero. Ventoso y oscuro... Por la noche fuimos a la casa de L. Era una noche cálida con grandes gotas de lluvia que caían. No me molestó ir, pero la vuelta fue bastante horrible. No me sentía bien y estaba cansada, y mi corazón apenas latía. Pero inventamos una canción para alentarnos. Las salpicaduras de la lluvia me llegaban a las rodillas y sentí miedo. L. fue muy agradable, muy agradable, sentado con un trozo de cuerda en la mano...

11 de enero. Me levanté cuando aún estaba oscuro para recibir a mi pequeña doncella y observar la salida del sol. Aunque no duró mucho tiempo. Estoy triste. Es un día brillante, centelleante. ¡Oh, Dios, mi Dios, déjame trabajar! ¡Desperdiciado! ¡Desperdiciado!

12 de enero. Hoy he tenido un día más virtuoso. Realmente terminé el cuento, "Amor valiente",[4] y ya mismo ni sé qué hacer con él. Se lo leí a J., que también se sintió intrigado. Violento dolor de cabeza, pero bastante feliz.

---

[4] De ese cuento sólo he hallado las páginas iniciales.

20 de enero. Afuera, un hombre está picando piedras. El día es sumamente tranquilo. A veces se agita una hoja y un extraño soplo de viento atraviesa la ventana. El anciano pica, pica, como si fuese un corazón que late allá afuera.

Por la tarde se produjo una tormenta violenta, pero fuimos caminando a la casa de los C., comimos con ellos y los L. y los S. y después jugamos. Fuimos tarde a dormir a la casa de los L.; muy desprolijo... periódicos y muérdago marchito. Casi no dormí, pero fue agradable.

Un día tormentoso. Volvimos esta mañana. Ha llovido, ha nevado, ha caído granizo y sopla el viento. El perro del molino aúlla. Un hombre está tocando la trompeta a lo lejos. Hoy he leído y cosido, pero no he escrito una sola palabra. Quiero hacerlo esta noche. Es tan divertido sentarme tranquilamente a coser, mientras mi corazón no se aquieta ni por un momento. Estoy terriblemente cansada de cabeza y de cuerpo. Este triste lugar me está matando. Vivo de viejas ilusiones; pero ya no nos engañan a ninguno de los dos.

21 de enero. Estoy sentada en la sala de abajo. Afuera aúlla el viento, pero aquí está tan cálido y agradable. Parece un cuarto real donde vive gente real. Mi costurero está sobre la mesa; debajo del armario para libros están las viejas pantuflas de J. El sillón negro, a medias en sombras, da la impresión de que una persona se hubiese arrellanado en él. Comimos cordero asado con salsa de cebollas y arroz al horno. *Suena* bien. He pasado las cintas en mi ropa interior con una hebilla para el pelo, según el buen método familiar. Pero mi ansioso corazón está devorando mi cuerpo, devorando mis nervios, devorando mi cerebro. Siento que ese veneno invade lentamente mis venas... cada partícula se va corrompiendo... Nunca, nunca estoy en calma, ni siquiera por un instante. Recuerdo haber dicho, hace años, que me gustaría ser una de esas personas felices que pueden sufrir hasta cierto punto y luego se derrumban o se agotan. Pero yo soy lo opuesto. Cuanto más sufro, más vehemente es mi energía para soportarlo.

22 de enero. El tiempo, peor que nunca. A la hora del té me sorprendí a mí misma con mi abatimiento. Simplemente, me sentí superada por la angustia y fui arriba y puse la cabeza sobre el almohadón negro. Mi deseo de ciudades me obsede.

23 de enero. El anciano ha vuelto a picar piedras. Una bruma blanca y densa llega al borde del campo.

26 de enero. Fuimos a Londres. Encontramos que B.C. había llegado; de modo que D. nos alberga. El piso de D. me parece encantador. Tomé té en el Criterion con C. y D. Me hice hacer las manos. Por la noche fuimos al Oxford y vimos a Marie Lloyd, que estuvo muy bien. Dormí en el gran diván del cuarto de A. Por la tarde, Londres estaba muy brumosa, pero el consuelo de estar allá era inmenso.

27 de enero. Encontré a una mujer que había estado en el cine conmigo... rosas rosadas en el cinturón y sus hermosos ojos hundidos y su pelo estropeado. No la olvidaré. *No, no*. Era maravillosa.[5]

1º de febrero. Una leve gripe me está abatiendo. Hay una vislumbre de sol. Los árboles se ven como si los hubiesen tendido a secar.
El resfrío avanzó sobre mí todo el día. Leí al solitario Nietzsche; pero me sentí un poco avergonzada de mis sentimientos por ese hombre en el pasado. Es, si se prefiere, "humano, demasiado humano". Leí hasta tarde. Me sentí desgraciada más allá de las palabras. La vida era como aserrín y arena. Conversé de cuentos con J.

2 de febrero. Me siento un poco más animada hoy porque ya no se me ve tan mal como hasta ahora.
No, el día terminó por ser tan malo como siempre. Sin duda,

---

[5] Ella era, probablemente, el original de Miss Moss en "Cine". En 1913, K.M. había actuado como extra en diversas producciones cinematográficas.

mi enfermedad es realmente seria. He estado bordando mi kimono con lana negra. ¡Bah! ¡Qué porquería! ¿Qué me importan esas basuras?

3 de febrero. No puedo hacer nada. He ordenado mi escritorio y tomé un poco de quinina y eso es todo. Pero sé que iré, porque de lo contrario moriría de tristeza. Mi cabeza está tan caliente, pero mis manos están frías. Tal vez esté *muerta* y sólo esté simulando vivir acá. De cualquier manera, no hay ninguna señal de vida en mí.

15 de febrero. Fui a Londres con J.

16 de febrero. Vine a París.

19 de febrero. Vine a Gray.

[*Una carta no remitida, escrita en el diario*].

20 de febrero. Inglaterra es como un sueño. Estoy sentada ante la ventana de un pequeño cuarto cuadrado amueblado con una cama, una manzana de cera y un inmenso reloj florido. Desde la ventana se ve un jardín lleno de alhelíes dobles y cazuelas de esmalte azul. Los relojes están dando las cinco y los últimos rayos del sol se vierten bajo los visillos ondulantes. Hace mucho calor, la clase de calor que hace que las mejillas nos ardan en la infancia. Pero estoy tan feliz que debo enviarte una palabra en una página en blanco de mi diario, querido.

He sufrido algunas terribles aventuras en mi viaje hacia acá porque el lugar está dentro de la zona de los ejércitos y no está permitido para las mujeres. El último que vio mi pasaporte, "M. le Colonel", muy imponente con lo que parecía la cubierta de una tetera con borlas doradas en la cabeza, y fumando lo que las novelistas llaman un "pesado cigarrillo egipcio", casi me envía de regreso.

Pero, mi querido, es un país tan maravilloso... todos los ríos y los bosques y los grandes pájaros que parecen azules a la luz del sol.

Pienso todo el tiempo en ti y en L. Los soldados franceses son *pour rire*. Incluso cuando están heridos parecen incorporarse en sus angarillas y sacudir sus vendajes hacia el tren. Pero hoy vi algunos prisioneros... nada divertido. Oh, tengo tanto que decirte que será mejor que ni empiece. Nos veremos algún día, ¿verdad, querido?

[Otra carta no enviada].

Parece como si acabara de escaparme de la celda de la prisión, J. queridísimo, porque descubro que este lugar está en la zona de los ejércitos y, por lo tanto, vedado a las mujeres. De todos modos, la enfermedad de mi tía me impulsó. Pasé algunos momentos realmente horribles. Él me estaba aguardando fuera de la estación. Apenas *cantó* (tan típico) "Sígame, pero que no se note", hasta que llegamos a una pequeña oficina de portazgos junto al río, contra la cual se apoyaba un coche desvencijado. Pero una vez cargado con mi maleta y nuestras dos personas, partió rápido como el viento, mientras las puertas se abrían y se cerraban, para terror de él, a quien no se le permite viajar en coches. Fuimos hasta un pueblito cercano, hasta una gran casa blanca en la que habían tomado un cuarto para mí, un cuarto de lo más extraordinario, amueblado con una cama, una manzana de cera y un inmenso reloj florido. Es muy caluroso. El sol se vierte a través de las cortinas. Afuera, el jardín está lleno de alhelíes dobles y cazuelas de esmalte azul. También a ti te haría reír.

[El diario continúa].

Lo curioso es que no pude concentrarme en la parte final del viaje. Simplemente, me sentía tan feliz que me asomaba por la ventanilla con los brazos apoyados en la baranda de bronce y los pies cruzados y al sol, y el maravilloso campo que se extendía. En Châteaudun, donde debimos transbordar, fui al buffet a beber. Un gran salón verde pálido con una gran cocina que sobresalía y un buffet con botellas coloridas. Dos mujeres, de brazos cruzados, apoyadas contra el mostrador. Un muchachito, muy pálido, iba de mesa en mesa, tomando los pedidos. Estaba lleno de soldados que inclinaban hacia atrás el respaldo de sus sillas, balanceaban las piernas y comían. Los hombres gritaban a través de las ventanas.

El muchachito me favoreció con un vaso de horrible café negro. Servía a los soldados con una especie de triste desprecio. En el porche un anciano llevaba un balde de pescado marrón manchado, un pescado grande, como el que uno ven en peceras, nadando entre bosques de hermosas algas. Los soldados se reían y se golpeaban entre sí, caminaban por todas partes con sus pesadas botas. Las mujeres los vigilaban y el anciano se quedó esperando humildemente que alguien lo atendiera, con la gorra entre las manos, como si supiera que la vida que representaba con su chaqueta raída, con su balde de pescado, su pacífica ocupación, ya no existiera y no tuviese derecho a imponerse en ese lugar.

En los últimos momentos del viaje me sentí asustada. Llegamos a Gray y una por una, como las mujeres que entran a ver al médico, traspusimos la entrada de una calurosa habitación completamente equipada con dos mesas y dos coroneles, como los coroneles de la ópera cómica, grandes y relucientes hombres de patillas grises con un toque de rojo de sol en las mejillas, los dos fumando, uno un cigarrillo con una larga ceniza que pendía. Lucía un anillo en el dedo. Se lo veía suntuoso y omnipotente. Cerré la boca y apreté los dientes. Evité que me temblaran los dedos cuando entregué el pasaporte y el billete.

"No sirve, no sirve para nada", dijo mi coronel y me miró por lo que pareció una eternidad, pero en silencio. Sus ojos eran como dos piedras grises. Le mostró mi pasaporte al otro coronel, quien desechó la objeción. Lo selló y me permitió marcharme. Casi me arrodillo en el piso.

Al lado de la estación estaba él de pie, terriblemente pálido. Me saludó, sonrió y dijo: "Gire a la derecha y sígame como si no me estuviese siguiendo". Luego fuimos rápidamente hacia el Puente Colgante. Él llevaba una bolsa de cartero sobre el hombro y un paquete de papel. La calle estaba llena de barro. Desde la oficina de portazgos junto al puente nos miró una mujer descarnada, con las manos envueltas en un chal. Contra la oficina de portazgos se apoyaba un coche desvencijado. "¡*Montez, vite,*

vite!", dijo él. Arrojó sobre el piso del coche mi maleta, su bolsa y el paquete. El conductor se puso rápidamente en acción, le dio con el látigo al huesudo caballo y partimos con las puertas que se abrían y se golpeaban. No se mantenían cerradas y él, que se supone que no debe viajar en coches, debió tratar de ocultarse. Pasaban soldados todo el tiempo. Ante el cuartel se detuvo un momento y una multitud de rostros bloqueó la ventanilla. "*Prend ça mon vieux*", dijo mientras entregaba el paquete de papel.

Volvimos a partir a la carrera. Junto al río. Por una extraña calle larga y blanca con casas a ambos lados, muy mágica a la luz crepuscular. Me dijo: "Sé que le gustará la casa. Es muy blanca, y también lo es el cuarto, y la gente, también".

Por fin llegamos. La mujer de la casa, con un serio bebé en sus brazos, vino a la puerta.

"¿Está todo bien?".

"Sí, todo bien. *Bonjour, Madame*".

Fue como una fuga.

[*Katherine Mansfield regresó a Inglaterra a fines de febrero y volvió a París una vez más en mayo*].

Domingo, 16 de mayo. París. Soñé toda la noche con Rupert Brooke. Y hoy, cuando salía de la casa, él estaba de pie en la puerta, con una mochila sobre la espalda y un sombrero que le oscurecía el rostro. De modo que después de llevar al correo la carta para J. no fui a casa. Di un paseo largo y muy ocioso por los muelles. Estaba exquisitamente caluroso: en el cielo se veían nubes blancas que parecían sábanas tendidas para que se secaran. En los montículos de arena, junto al río, los niños habían cavado túneles y cavernas. Estaban sentados, quietos y contentos, con el pelo que les brillaba al sol. De tanto en tanto se veía a un hombre tendido boca abajo, con la cabeza entre los brazos. El río estaba lleno de grandes estrellas de plata. Los árboles se sacudían, reflejando apenas la luz. Hallé lugares deliciosos, pequeños cuadrados con casas rectangulares. Parecían muy vacías, con las ventanas bien abiertas. Calles angostas en las que los castaños formaban bóvedas, o tal vez totalmente desiertas, con una torre que muestra un reloj por encima de los techos. El sol le daba encanto a todo.

Crucé y volví a cruzar el río y me apoyé en los puentes y pensaba todo el tiempo que nos acercábamos a un parque cuando en realidad no era así. No puedes imaginar qué placer me daba mi compañero invisible, imaginario. De haber sido él un ser viviente, eso nunca habría ocurrido; pero… es un juego que me gusta… Caminar y charlar con los muertos que sonríen y están silenciosos, y *libres*, finalmente muy libres. Cuando vivía sola, a menudo volvía a casa, ponía la llave en la puerta y encontraba a alguien que me estaba esperando. "¡Hola! ¿Hace mucho que esperas?".

Supongo que eso suena a una horrible basura.

Notre Dame

Estoy sentada en un ancho banco, al sol, muy fuerte, junto a Notre Dame. Frente a mí hay un cerco de hiedra. Pasó un viejo con una canasta en un brazo, recogiendo las hojas secas. En el jardín de los sacerdotes están cortando el césped. Me encanta esa enorme catedral. La pequeña vista que ahora tengo de ella es de espirales angostas y puntiagudas, clavadas en el azul, y uno o dos papagayos de piedra apoyados en un pequeño balcón. Es como un dibujo a la pluma de un Bogey. Y me gustan los santos con sus coronas y sus cuellos y sus cabezas en sus manos.

La "vida" de la vida

Ayer compré un libro de Henry James y lo leí, como suele decirse, "hasta avanzada la noche". No era muy interesante ni muy bueno, pero puedo chapotear por páginas y páginas de un James aburrido y ampuloso por ese golpe dulce y repentino, ese violento latido de delicia que él me da a veces. No dudo que eso sea genio: sólo que hay una cantidad extraordinaria de crítica y un pasmoso destello *raffiné*.

Una cosa que quiero acotar. Su héroe, Bernard Longueville, brillante, rico, moreno, ágil, aunque un compañero agudo, es quizá más agudo y más divertido cuando está solo, y se guarda las mejores cosas para sí... Adjetivos calificativos de lado, soy aguda, lo sé, y buena compañía, pero siento que mi caso es exactamente igual al suyo, el grado de alegría minuciosa y delicada que derivo de la observación de la gente y las cosas cuando estoy sola es simplemente enorme, en realidad sólo tengo "diversión perfecta" conmigo misma. Cuando veo pasar a una niñita corriendo sobre sus talones como un ave en el barro, y digo "Caramba, ésa es mi Gertie", me río y me divierto como no podría hacerlo si estuviese con alguien. Lo mismo sucede con mi actitud hacia lo que se llama "naturaleza". Otra gente no se detiene a ver las cosas que yo deseo observar, o si lo hace, lo hace sólo para contentarme o divertirme o mantener la paz. Pero estoy hecha de tal manera que en cuanto estoy con alguien empiezo a darles consideración a sus opiniones y deseos, que no son dignos ni de la mitad de la que merecen los míos. Ahora no extraño en absoluto a J. No quiero ir a casa, estoy muy contenta de vivir acá, en un cuarto amueblado, y observar. Es una mera cuestión de clima, eso es lo que creo. (Acaba de pasar una terrorífica Gertie). La vida con otra gente se convierte en una confusión: eso ocurre con J., pero cuando estoy sola es enormemente valioso y maravilloso el detalle de la vida, la *vida* de la vida.

Père de famille

Esa familia comenzaba con modestia con Mamá, muy gorda, con un bigote negro y un sombrerito redondo cubierto de pensamientos, y el niño que se veía apenas contenido por un traje de tweed inglés que parecía diseñado para un habitante de Norfolk, pero que negaba su nacionalidad a la segunda costura. Apenas se habían acomodado en sus lugares y elegido de entre todos los panes de la panera el más crocante, cuando dos hombres jóvenes de uniforme azul claro, con casi tanto bigote como mamá, aparecieron a la entrada del restaurante y fueron saludados con lo que parecía un gran entusiasmo por hijito, quien hizo flamear una servilleta casi del tamaño de una sábana de una plaza en dirección a ellos. Mamá fue abrazada; se sentaron uno al lado del otro y en seguida se les unió un desafortunado muchacho crecido cuya tez había gozado de todas las formas posibles de *Frühlingserwachen* y que daba la impresión de pasarse las noches debajo de un edredón comiendo bizcochos de chocolate con la ventana cerrada.

Cinco sábanas de una plaza fueron sujetadas a cinco cuellos... Cinco pares de ojos revisaron el menú.

De repente, con un grito de júbilo, los brazos de mamá se elevaron en el aire... se elevaron los del hijito... los jóvenes soldados se pusieron de pie de un salto, el *étudiant* pareció bañarse en transpiración mientras aparecía un hombre robusto y florido, que se acercó a ellos. La camarera rondaba en torno de la mesa, inefablemente encantada ante esa exhibición de *vie de famille*. Se sentía como si fuera la propia doméstica de ellos, sentía que los conocía desde hacía años. El cielo sabrá qué recuerdos tenía de haberle llevado al señor Roué su agua caliente, de ser descubierta por el señor Paul mientras buscaba el botón de la camisa de él en el piso del dormitorio, apoyada sobre sus encantadoras manitas y sus más deliciosas rodillas.

Viajar sola

¿Era simplemente su propia imaginación, o podía haber alguna verdad en esa sensación de que los camareros —en especial los de los hoteles— adoptaban una actitud impertinente, arrogante y un tanto divertida hacia una mujer que viajaba sola? ¿Era sólo su infeliz timidez femenina? No, realmente no creía que fuera. Porque incluso cuando se sentía más feliz, más libre, tomaba conciencia, repentinamente, del "tono" del camarero del restaurante o del hotel. Y era extraordinario cómo lograba destruir su sentido de seguridad, cómo le hacía sentir que se estaba tramando algo maligno en su contra y que todos y todo —sí, aun los objetos inanimados como sillas o mesas— estaban secretamente "en el asunto", esperando que esa cosa infalible y ominosa le ocurriera a ella, que siempre ocurría, que debía ocurrirle, ¡a toda mujer de la tierra que viajara sola!

El camarero hurgó en la cerradura con un manojo de llaves, quitó una, abrió la puerta gris y se apoyó contra la hoja, esperando que ella pasara. Sostenía su plumero erguido en la mano, como una antorcha humeante.

"Aquí tiene una linda habitación para madame", dijo él en tono insinuante. Cuando ella entró, él pasó a su lado, abrió la ventana que crujía y destrabó las persianas.

[Después de unas semanas en habitaciones en Elguin Crescent, en julio tomamos una casa en N° 5 Acacia Road, St. John's Wood. Allí "Chummie", hermano de Katherine Mansfield, fue a pasar una semana con ella antes de marchar al frente. Fue muerto casi de inmediato. La entrada siguiente es un documento de una de las conversaciones que mantuvieron].

Noche

Octubre. Están paseando por el jardín de Acacia Road. Está oscuro, las margaritas de Michaelmas se ven brillantes como plumas. Del viejo peral que está al fondo del jardín –el delgado árbol que parecía un álamo– cae una pera redondeada, dura como una piedra.

"¿Oíste eso, Katie? ¿Puedes encontrarla? Por Dios... ese sonido familiar".

Sus manos se mueven entre el delgado pasto húmedo. Él la recoge e, inconscientemente, como siempre, la lustra con el pañuelo.

"¿Recuerdas las enormes cantidades de peras que solía haber en aquel viejo árbol?".

"Junto al cantero de las violetas".

"¿Y cómo después de un viento del sur solíamos ir con canastos para la ropa a recogerlas?".

"¿Y que mientras estábamos agachados seguían cayendo y nos golpeaban en la espalda y la cabeza?".

"¿Y qué lejos que habían caído, siempre tan lejos, debajo de las hojas de las violetas, por los escalones, hasta el lugar de las lilas? Solíamos encontrarlas pisadas entre el pasto. Y qué pronto las hormigas daban con ellas. Es como si ahora viera aquel agujerito redondo con una especie de borde de pimienta oscura alrededor".

"¿Sabes que nunca he vuelto a ver peras como aquellas?".

"Eran tan brillantes, de un amarillo canario... y pequeñas. Y la piel era tan delgada y las semillas azabache... azabache. Primero le quitabas el cabito y la chupabas. Era apenas amarga, y luego la comías desde arriba, con semillas y todo".

"Las semillas eran deliciosas".

"¿Recuerdas cómo te sentabas en el asiento rosado del jardín?".

"Nunca olvidaré aquel asiento rosado del jardín. Es el único asiento de jardín para mí. ¿Dónde está ahora? ¿Crees que nos dejarán sentar en él en el cielo?".

"Siempre se tambaleaba un poco y mostraba las marcas de una babosa".

"Sentados en aquel asiento, balanceando las piernas y comiendo las peras...".

"¿Pero no es extraordinario lo *profunda* que era nuestra felicidad...? Qué positiva, brillante, cálida. Recuerdo la manera en que nos mirábamos y sonreíamos... ¿tú te acuerdas? ... compartiendo un secreto... ¿Qué era?".

"Creo que era la sensación de la familia... éramos casi uno solo. Siempre nos veo caminando juntos por todas partes, mirando las cosas juntos con los mismos ojos, discurriendo... Volví a sentir eso... ahora mismo... cuando buscamos la pera entre el pasto. Recuerdo buscar contigo entre las hojas de las violetas... ¡Oh, aquel jardín! ¿Recuerdas que algunas de las peras que encontrábamos tenían pequeñas marcas de dientes?".

"Sí".

"¿Quién las mordía?".

"Eso siempre fue un misterio".

Él la rodea con su brazo. Pasean hacia uno y otro lado. Y la luna redonda brilla sobre el peral, y las paredes cubiertas de hiedra del jardín resplandecen como metal. El aire huele a frío... es pesado... muy frío.

"Volveremos allá un día... cuando todo haya terminado".

"Volveremos juntos".

"Y lo encontraremos todo...".

"¡Todo!".

Ella se apoya en el hombro de él. La luz de la luna se torna más intensa. Ahora están frente a la parte posterior de la casa. Un cuadrado de luz aparece en la ventana.

"Dame la mano. Sabes que siempre seré una extraña aquí".

"Sí, querida, lo sé".

"Caminemos hacia uno y otro lado por última vez y entremos".

"Es tan curioso... mi absoluta confianza en que regresaré. Lo siento como algo tan seguro como esta pera".

"También yo lo siento".

"No podría dejar de volver. Conoces esa sensación. Es terriblemente misteriosa".

Sobre el pasto, las sombras son alargadas y extrañas; un soplo de extraño viento murmura en la hiedra y la vieja luna recubre de plata sus cuerpos.

Ella tiembla.

"Tienes frío".

"Muchísimo frío".

Él la rodea con su brazo. De pronto la besa.

"Adiós, querida".

"Oh, ¿por qué dices eso?".

"Querida, ¡adiós, adiós!".

29 de octubre. Una noche brumosa, brumosa. Deseo escribir el hecho de que no sólo le temo a la muerte... sino que le doy la bienvenida a la idea de la muerte. Creo en la inmortalidad porque él no está acá y deseo unirme a él. Primero, mi querido, tengo cosas que hacer para los dos, y luego iré tan pronto como pueda. Queridísimo, sé que estás allá, y yo vivo contigo, y escribiré para ti. Otras personas están próximas, pero no están cerca de mí. A ti te pertenezco, así como *tú* me perteneces a mí. Nadie sabe con cuánta frecuencia estoy contigo. En verdad, estoy siempre contigo y empiezo a sentir que lo sabes... que cuando deje esta casa y este lugar será contigo, y nunca me alejaré de ti ni siquiera por el tiempo más breve. Tú me tienes a mí. Estás en mi carne así como en mi alma. A otros les doy mi "exceso" de amor, pero para ti conservo y a ti te doy mi amor más profundo.

[En noviembre, Katherine Mansfield dejó la casa de Acacia Road y fue al sur de Francia. Yo fui con ella, pero regresé a Inglaterra tres semanas después].

Noviembre, Bandol, Francia. Hermano. Creo que he sabido desde hace tiempo que la vida había terminado para mí, pero nunca me di cuenta de ello ni lo reconocí hasta la muerte de mi hermano. Sí, aunque él yace en el medio de un bosquecito de Francia y yo aún camino erguida y siento el sol y el viento del mar, estoy tan muerta como él. El presente y el futuro no significan nada para mí. Ya no tengo "curiosidad" acerca de la gente; no deseo ir a ninguna parte; y el único valor posible que algo puede tener para mí es que me recuerde algo que ocurría o se daba cuando él vivía.

"¿Te acuerdas, Katie?". Oigo su voz en los árboles y las flores, en los olores y en la luz y la sombra. ¿Es que la gente, aparte de estas personas lejanas, existió alguna vez para mí? ¿O siempre fallaron y se desvanecieron porque les negué realidad? Suponiendo que muriera mientras estoy sentada a esta mesa, jugando con mi cortapapel indio, ¿cuál sería la diferencia? Ninguna. Entonces, ¿por qué no me suicido? Porque siento que tengo que cumplir un deber hacia la época encantadora en que los dos estábamos vivos. Deseo escribir sobre esa época, y él quería que yo lo hiciera. Lo conversamos en mi pequeña buhardilla de Londres. Le dije: Pondré simplemente en la primera página: "A mi hermano, Leslie Heron Beauchamp...". Muy bien, se hará...

El viento cesó al atardecer. Medio círculo de luna pende en el vacío. Está muy tranquilo. Desde alguna parte oigo a una mujer que canturrea una canción. Quizás esté acurrucada ante la estufa en el corredor, porque es la clase de canción que una mujer canta frente a un fuego... meditando, abrigada, con sueño y segura. Veo una casita con islitas de flores debajo de las ventanas y la suave masa de una parva de heno en el fondo. Todas las aves se han ido a descansar... parecen manchas de lana en las perchas. El pony está en el establo, cubierto con una tela. El perro está echado en su casilla, con la cabeza sobre sus patas delanteras. El gato está sentado junto a la mujer, con la cola alrededor de su cuerpo, y el hombre, aún joven y despreocupado, se acerca subiendo la calle de atrás. De repente se ve una mancha de luz en la ventana y sobre el macizo de pensamientos que está debajo y él camina más rápidamente, silbando.

¿Pero dónde está esa bella gente? ¿Esa gente joven y fuerte de cuerpos sanos y vigorosos y cabellos rizados? No son ni santos ni filósofos; son seres humanos decentes... pero, ¿dónde *están*?

Miércoles. Diciembre. Estoy endureciendo mi corazón. Estoy caminando alrededor de mi corazón y construyendo defensas. Pienso no dejar una abertura ni siquiera para que crezca una plantita de violetas. ¡Dame un corazón duro, señor! ¡Señor, endurece mi corazón!

Esta mañana pude caminar un poco. Así que fui a la Oficina de Correos. El sol estaba brillante. Las palmeras se elevaban en el aire, vigorosas y brillantes; los eucaliptos parecían pesados bajo el sol, como de costumbre. Cuando llegué a la calle oí que cantaban. Un pensamiento divertido... "¡Han llegado los ingleses!". Pero, por supuesto, no se trataba de ellos.

Domingo. Diciembre. Las 4 y 10. Estoy segura de que este domingo es el peor de toda mi vida. He tocado fondo. Hasta mi corazón ya no late. Sólo me mantengo viva mediante una especie de zumbido de la sangre en mis venas. Ahora está volviendo la oscuridad; sólo en las ventanas hay un resplandor blanco. Mi reloj suena alto, con fuerza, sobre la mesa de noche, como si estuviese repleto de una vida diminuta, mientras yo me desvanezco... muero.

Es de noche otra vez. El mar corre muy alto. Se apresura, lo barre todo, abraza, salta sobre las rocas. En la marcada luz metálica las rocas tienen un tinte rojizo. Por encima hay una amplia banda de verde mezclado con un negro rico y holliniento; arriba está el cono de una montaña violeta; más arriba de la montaña, un cielo celeste que brilla como el nácar. A cada momento cambia la luz. Mientras escribo, va perdiendo intensidad. Algunas nubecitas blancas rodean la parte superior de la montaña, como si fueran de humo. Y ahora un color purpúreo, amenazador y horrible, está cubriendo el cielo. Ladra un perro. El jardinero, mientras conversa consigo mismo, camina a través del sendero recién rastrillado, toma su canasta de malezas y se marcha. Dos enamorados caminan muy unidos junto al mar. Están envueltos en sus abrigos. Ella luce un pañuelo rojo en la cabeza. Caminan, muy orgullosos y despreocupados, abrazándose y desafiando al viento.

Hoy me siento mal. No puedo caminar y tengo dolores.

[La enfermedad que sufría Katherine Mansfield era un dolor reumático que tenía un efecto pernicioso sobre el funcionamiento de su corazón. No tenía ninguna relación con la tuberculosis que le causó la muerte. Ésta no apareció hasta dos años más tarde, en diciembre de 1917. Katherine Mansfield siempre estuvo convencida de que moriría de insuficiencia cardíaca].

Un encuentro

Esta tarde salí a dar un paseo. Hay un largo terraplén de piedras que penetra en el mar. Grandes piedras a ambos lados y un pequeño sendero desparejo como de cabras en el centro. Cuando llegué al extremo, el sol se estaba poniendo. Así, sintiéndome muy solitaria y romántica, me senté sobre una piedra y observé el rojo sol, que tenía el aspecto horrible de un trozo de damasco envasado, y se hundía en un mar que parecía un flan enorme. Empecé débil, pero sin duda perceptiblemente, a canturrear: "Sola entre el mar y el cielo, etcétera". Pero de repente vi una diminuta manchita en el terraplén, que venía hacia mí. Creció, se convirtió en un joven oficial de uniforme azul oscuro, delgado, de piel oliva, finas cejas, grandes ojos negros y un bigote fino y sedoso.

–¿Está sola, madame?
–Sola, monsieur.
–¿Usted vive en el hotel, madame?
–En el hotel, monsieur.
–Ah, la he visto caminar sola varias veces, madame.
–Es posible, monsieur.
Él se ruborizó y se tocó la gorra.
–Soy muy indiscreto, madame.
–Muy indiscreto, monsieur.

[*A fines de diciembre de 1915, regresé a Bandol. Allí tomamos una pequeña villa de cuatro habitaciones, Villa Pauline, con un almendro que golpeaba la ventana de la salle à manger. Allí estuvimos hasta abril de 1916, y ahí K.M. escribió la primera versión de "Preludio"*].

1916

22 de enero. Villa Pauline, Bandol. Ahora, realmente, ¿qué es lo que de verdad quiero escribir? Me lo pregunto. ¿Soy menos escritora que antes? ¿Es menos urgente la necesidad de escribir? ¿Aún me parece tan natural buscar esa forma de expresión? ¿La ha satisfecho el habla? ¿Pido algo más que relatar, recordar, asegurarme?

Hay veces en que estos pensamientos casi me asustan y casi me convencen. Me digo: ahora estás tan realizada en tu propio ser, en estar viva, en vivir, en aspirar a un sentido mayor de la vida y un amor más profundo, que lo otro ha desaparecido de ti.

Pero no, en el fondo no estoy convencida, porque en el fondo nunca mi deseo fue tan ardiente. Sólo la forma que elegiría ha cambiado marcadamente. Ya no me siento interesada en el mismo aspecto de las cosas. La gente que vivió o a la que deseé introducir en mis historias ya no me interesa. Los argumentos de mis historias me dejan absolutamente fría. Aceptado que esa gente exista, y que todas las diferencias, complejidades y resoluciones sean verdaderas para ellos, ¿por qué debería yo escribir sobre ellos? No están cerca de mí. Todas las falsas cuerdas que me unen a ellos están cortadas por completo.

Ahora... ahora quiero escribir recuerdos de mi propio país. Sí, deseo escribir sobre mi propio país hasta agotar simplemente mis recuerdos. No sólo porque se trate de una "deuda sagrada" que le pague a mi país porque mi hermano y yo nacimos allá, sino también porque en mis pensamientos recorro con él todos los lugares recordados. Nunca me aparto de ellos. Deseo renovarlos por escrito.

Ah, la gente... la gente que amamos allá... también sobre ellos quiero escribir. Otra "deuda de amor". Oh, quiero que por un momento nuestro país no descubierto salte ante los ojos del Viejo Mundo. Debe ser misterioso, como si flotara. Debe quitar el aliento. Debe ser "una de esas islas…". Lo diré todo, incluso el asunto de la canasta de la ropa. Pero todo debe ser contado con un sentido del misterio, con brillo, con un resplandor crepuscular, porque tú, mi pequeño sol de ese mundo, te has puesto. Te has caído por el enceguecedor borde del mundo. Ahora yo debo hacer mi parte.

Luego, quiero escribir poesía. Siempre me siento temblando al borde de la poesía. El almendro, los pájaros, el bosquecito donde estás tú, las flores que no ves, la ventana abierta por la que me asomo y sueño que te reclinas contra mi hombro, y las veces que tu fotografía "parece triste". Pero principalmente quiero escribir una especie de elegía a ti… tal vez no en poesía. Tal vez tampoco en prosa. Casi con seguridad en una especie de *prosa especial*.

Y, por último, deseo llevar una especie de *libro de pequeñas notas*, que se publique algún día. Eso es todo. Nada de novelas, nada de historias con problemas, nada que no sea simple, abierto.

K. M.

13 de febrero. Aún prácticamente no he escrito nada, y ahora otra vez el tiempo se está volviendo escaso. No hay nada hecho. No estoy más cerca de mi objetivo que hace dos meses y me paso el tiempo casi dudando de mi deseo de realizar algo. Cada vez que hago una movida, mi demonio me dice casi al mismo tiempo: "¡Oh, sí, ya hemos oído eso antes!". Y luego escucho a R.B. en el Café Royal: "¿Aún escribes?". Si volviese a Inglaterra sin un libro *terminado*, me daría por vencida. Sabría que, dijera lo que dijese, yo no soy una escritora y no tengo derecho a "una mesa en mi cuarto". Pero si vuelvo con un libro terminado, será una *profession de foi pour toujours*. ¿Por qué dudo tanto? ¿Es sólo pereza? ¿Falta de voluntad? Sí, creo que es eso, y es por eso que se hace tan importante que me imponga. Hoy he puesto una mesa en mi cuarto, frente a un rincón, pero desde donde me siento alcanzo a ver las ramas más altas del almendro y oigo alto el sonido del mar. Hay un vaso de bonitos geranios sobre la mesa. Nada podría ser más hermoso que este lugar, y es tan tranquilo y tan alto, como sentarse sobre un árbol. Creo que aquí podré escribir, en especial hacia el crepúsculo.

Ah, una vez encendida... ¡como ardería y quemaría! Aquí tenemos un nuevo hecho. Cuando no estoy escribiendo, siento que mi hermano me llama y que no está feliz. Sólo al escribir, o cuando estoy en estado de escribir –un estado de "inspiración"– siento que él está en calma... Anoche soñé con él y el padre Zossima. El padre Zossima me dijo: "No permitan que el hombre nuevo muera". Mi hermano estaba seguramente allí. Pero anoche me llamó cuando yo estaba sentada junto al fuego. Al fin obedecí y subí. Me quedé en la oscuridad y esperé. La luna se puso muy brillante. Había estrellas afuera, estrellas titilantes muy iluminadas, que parecían moverse mientras las miraba. La luna refulgía. Alcanzaba a ver la curva del mar y la curva de tierra que la rodeaba, y arriba en el cielo había una nube curva. Tal vez esos tres semicírculos fuesen mágicos. Pero luego, cuando me asomé por la ventana, me pareció ver a mi hermano que se perfilaba sobre todo el campo... ahora tendido de espaldas, ahora boca abajo, ahora acurrucado, ahora en parte semihundido en la tierra. Mirara donde mirase, ahí estaba él. Pensé que Dios me lo mostraba así por algún motivo especial y me arrodillé junto a la cama. Pero no pude rezar. No había trabajado nada. No estaba en un estado de gracia activo. De modo que finalmente me incorporé y volví abajo. Pero me sentía terriblemente triste... La noche anterior, cuando estaba en la cama, me sentí repentinamente apasionada. Deseaba que J. me abrazara. Pero cuando me volví para hablarle o besarlo, vi a mi hermano tendido y profundamente dormido, y me enfrié. Eso ocurre casi siempre. Tal vez porque me fui a dormir pensando en él, me desperté y era él, por un rato muy largo. Sentí que mi rostro era su rostro serio y adormecido. Sentí que las líneas de mi boca habían cambiado y pestañeé como él lo hacia al despertar.

Este año tengo que ganar dinero y hacerme conocer. Quiero ganar bastante dinero como para poder darle algo a L. M. En realidad, quiero hacerme cargo de ella. Ésa es mi idea, y ganar lo bastante como para que J. y yo podamos pagar nuestras deudas y vivir honorablemente. Me gustaría que se publicara un libro mío y tener cantidades de cuentos preparados. Ah, mientras escribo, el humo de un cigarrillo parece ascender de manera reflexiva y me siento más próxima a esa clase de ser silencioso, cristalizado, que solía ser casi yo.

14 de febrero. Comienzo a pensar en un recuerdo sin final que ha estado conmigo por años. Es una historia muy buena si sólo consigo narrarla bien, y se llama "Lena". Ocurre en Nueva Zelanda y entraría en el libro. Si sólo consigo narrarla bien.

Querido hermano, mientras escribo estas notas estoy hablando contigo. ¿A quién le escribí siempre cuando llevaba esos grandes diarios quejosos? ¿Era a mí misma? Pero ahora, mientras escribo estas palabras y hablo de lograr el clima de Nueva Zelanda, te veo frente a mí, veo tus ojos pensativos que miran. Sí, es para ti. Estábamos viajando... sentados uno frente al otro y circulando muy rápidamente. Ah, mi querido, ¿cómo he podido negar esta tremenda alegría? Cada vez que tomo la pluma, *tú* estás conmigo. Eres mío. Eres mi compañero de juegos, mi hermano, y juntos recorreremos todo nuestro país. Es contigo que veo, y es por eso que veo tan claramente. Ése es un gran misterio. Hermano, he dudado estos últimos días. He estado en lugares espantosos. Pensé que no podría *llegar* a ti. Pero ahora, de repente, la bruma se está levantando y veo y sé que estás cerca de mí. Estás conmigo más vívidamente en este momento que si estuvieses vivo y yo te escribiera desde una corta distancia. Cuando dices mi nombre, el nombre por el que me llamas y que tanto amo -¡Katie!- tus labios se abren en una sonrisa... Tú crees en mí, sabes que estoy acá. ¡Oh, Chummie! Rodéame con tus brazos. Estaba por escribir: aislémonos de todos. Pero no, no es eso. Sólo que los miraremos juntos. Hermano, tú sabes que a pesar de todo mi deseo, mi voluntad es débil. Hacer cosas, incluso escribir absolutamente para mí y por mí misma, me resulta terriblemente duro. Dios sabe por qué, cuando mi deseo es tan fuerte. Pero así como siempre fue nuestro placer sentarnos juntos... ¿te acuerdas?... y conversar de los viejos tiempos, hasta el último detalle, el último sentimiento, mirándonos y expresando con los ojos, cuando las palabras terminaban, qué íntimamente nos entendíamos, así ahora, mi querido, volveremos a hacerlo. Sabes qué poco feliz he sido últimamente. Casi pensaba: Tal vez "el hombre nuevo" no viva. Tal vez aún no me haya levantado... Pero ahora ya no dudo. Es la idea (siempre ha estado allí, pero nunca como esta noche) de que no escribo sola. Que en cada palabra que escribo y en cada lugar que visito te llevo conmigo. En verdad, ese podría ser el tema de mi libro. Sobre la mesa hay margaritas y una flor roja, como una amapola, que se destaca. De margaritas voy a escribir. De la oscuridad. Del viento... y del sol y de la bruma. De las sombras. Ah, de todo lo que amabas y que también yo amo y siento. Esta noche ha quedado en claro. Por mucho que escriba y reescriba realmente no vacilaré, queridísimo, y el libro estará escrito y pronto.

15 de febrero. He roto el silencio. Me llevó mucho tiempo. ¿Te fallé cuando me senté a leer? Oh, ten un poco de paciencia conmigo. Estaré mejor. Haré *todo*, todo lo que deseemos. Amor, no fallaré. Esta noche el tiempo es muy malo. ¿Oyes? Todo eso es el viento y el mar. Sientes que el mundo se estremece como una pluma, que salta y se mece en el aire como un balón de Lindsay. A veces me parece oír un piano, pero eso es fantasía. ¡Qué fuerte es el sonido del viento! Si cada día escribo fielmente un pequeño registro de cómo he cumplido mi promesa contigo... eso es lo que debo hacer. Ahora estás de nuevo conmigo. Te adelantas, con una mano en el bolsillo. ¡Hermano, mi hermanito muchacho! ¡Tus ojos pensativos! Te veo siempre como me dejaste. Te vi un momento solo, muy solo, y muy desorientado, me pareció. Mi corazón te anhelaba entonces. ¡Oh, te anhela esta noche, ahora! ¿Lloraste? Siempre pensé: él nunca, nunca debe ser infeliz. Ahora me acercaré mucho a ti, tomaré tu mano y nos contaremos esta historia uno al otro.

16 de febrero. Encontré "El áloe"[6] esta mañana. Y cuando lo hube releído supe que no era el "correcto" ayer. No, queridísimo,

---

[6] "El áloe" fue la versión original de "Preludio". Existe en su forma original, más extensa, y será publicado en los fragmentos restantes de los escritos de K. Mansfield.

no era el espíritu. "El áloe" está bien. "El áloe" es encantador. Simplemente me fascina y sé que es lo que tú desearías que yo escribiera. Y ahora sé cuál es el último capítulo. Es tu nacimiento... tu venida en el otoño. Tú en brazos de abuela bajo el árbol, tu solemnidad, tu maravillosa belleza. Tus manos, tu cabeza... tu desamparo, tendido sobre la tierra y, por encima de todo, tu tremenda solemnidad. Ese capítulo terminará el libro. El próximo libro será tuyo y mío. Y tú debes significar el mundo para Linda, y antes de que tú nazcas Kezia debe jugar contigo... su pequeño fantasma. Oh, fantasma... debo apresurarme. Todos ellos deben tener este libro. ¡Es bueno, mi tesoro! Hermanito, es bueno, y eso es lo que realmente queríamos.

17 de febrero. Estoy triste esta noche. Tal vez sea el viejo y melancólico viento. Y pensar en ti *espiritualmente* no basta esta noche. Te quiero a mi lado. Debo meterme profundamente en mi libro, porque entonces seré feliz. Perderme, perderme para encontrarte, queridísimo. Oh, deseo que este libro esté escrito. DEBE ser escrito. Debe ser encuadernado y envuelto y enviado a Nueva Zelanda. Lo deseo que con toda mi alma... Se hará.

Un recuerdo de la infancia

Las cosas ocurrían tan simplemente entonces, sin preparación y sin sobresaltos. Me permitieron ir al cuarto de mi madre (recuerdo estar en puntas de pie y emplear las dos manos para hacer girar el gran picaporte de porcelana blanca) y allí estaba ella tendida en la cama con las manos sobre la sábana y allí estaba mi abuela ante el fuego, con un bebé envuelto en franela sobre sus rodillas. Mi madre no me prestó ninguna atención. Tal vez estuviese dormida, porque mi abuela asintió con la cabeza y dijo con una voz que era poco más que un susurro: "Ven a ver a tu hermanita". Caminé en puntas de pie a través de la habitación y ella apartó la franela. Entonces vi una cabecita redonda con un mechón de pelo dorado y un rostro grande de ojos cerrados, blanco como la nieve. "¿Está viva?", pregunté. "Claro", replicó mi abuela. "Mira cómo aprieta mi dedo". Y, sí, una mano, un poco más grande que la de mi muñeca, que salía de un puño escarolado, se apretaba alrededor de su dedo. "¿Te gusta?", preguntó mi abuela. "Sí. ¿Va a jugar con la casa de muñecas?". "Pronto", me contestó abuela, y yo me sentí muy contenta. La señora Heywood acababa de darnos la casa de muñecas. Era hermosa, con una galería y un balcón y una puerta que se abría y se cerraba y dos chimeneas. Yo deseaba tanto mostrársela a alguien más.

"Se llama Gwen", dijo la abuela. "Bésala".

Me incliné y besé el pequeño mechón dorado. Pero ella no pareció notarlo. Estaba muy quieta, con los ojos cerrados.

"Ahora ve y besa a mamá", dijo abuela.

Pero mamá no quiso besarme. Muy lánguida, reclinada sobre las almohadas, estaba comiendo sagú. El sol brillaba a través de las ventanas y se reflejaba en las perillas de bronce de la gran cama.

Después abuela vino al cuarto de los niños con Gwen y se sentó frente al hogar, en la mecedora. Meg y Tadpole estaban en casa de tía Harriet, y se habían ido antes de que llegara la nueva casa de muñecas, era por eso que yo tanto deseaba tener a quién mostrársela. Ya la había recorrido, de la cocina al comedor, y arriba por los dormitorios con la lámpara de muñecas sobre la mesa, montones y montones de veces.

"*¿Cuándo* va a jugar con la casa?", le pregunté a abuela.

"Pronto, querida".

Era primavera. Nuestro jardín estaba lleno de lilas blancas muy grandes. Yo solía correr hacia afuera, olerlas y entrar de nuevo con la nariz toda amarilla.

"¿No puede salir afuera?".

Al fin, un día muy hermoso, la envolvieron en la cálida mantilla y abuela la llevó al huerto de los cerezos, donde la paseó bajo las flores de cerezo que caían. Abuela lucía un vestido gris con pensamientos blancos. El coche del doctor estaba esperando en la puerta y el perrito del doctor, Jacie, se me abalanzó y tiraba mordiscos hacia mis piernas desnudas. Cuando volvimos a la sala de niños y la mantilla fue retirada, de entre los pliegues cayeron pequeños pétalos blancos como plumas. Pero Gwen no miró ni siquiera entonces. Estaba tendida entre los brazos de abuela, los ojos apenas abiertos para mostrar una línea celeste, el rostro muy blanco y el único mechón de pelo dorado, erguido sobre la cabeza.

Todo el día, toda la noche estaban ocupados los brazos de abuela. Yo no tenía regazo al cual saltar, ninguna almohada para apoyarme. Todo pertenecía a Gwen. Pero Gwen no lo notaba: nunca levantaba la mano para jugar con el broche de plata que era una medialuna sobre la que se sentaban cinco pequeños búhos; nunca separaba el reloj de abuela de su pecho ni abría por sí misma la parte de atrás, para ver el cabello del abuelo; nunca hundía la cabeza para oler el agua de lavanda ni tomaba la caja de los anteojos de abuela para sorprenderse de que fuera realmente de plata. Se quedaba tendida muy quieta y se dejaba mecer.

Abajo, en la cocina, un día la anciana señora M'Elvie se acercó a la puerta y le preguntó a Bridget acerca del pobre bichito, y Bridget le respondió: "La mantienen viva con sangre de toro calentada en un plato sobre una vela". Después de eso Gwen me daba miedo y decidí que aun cuando jugara con la casa de muñecas, no la dejaría subir al dormitorio... sólo abajo, y además sólo cuando notara que podía ver.

Una noche, tarde, estaba sentada sobre mi almohadoncito de alfombra y abuela se mecía, cantando la canción que solía cantarme a mí, pero más suavemente. De pronto se interrumpió y yo levanté la mirada. Gwen abrió los ojos, giró la cabecita redonda hacia el fuego, miró y miró y entonces... volvió los ojos hacia el rostro que se inclinaba sobre ella. Vi que su cuerpito se estiraba y que sus manos se levantaban, y abuela exclamó: "¡Ah! ¡Ah! ¡Ah!".

A la mañana siguiente, Bridget me vistió. Cuando entré en la sala de los niños, olí. Sobre la mesa había un gran vaso de lilas blancas. Abuela estaba sentada en su silla hacia un lado, con Gwen en el regazo, y un extraño hombrecito con la cabeza metida en una bolsa negra estaba de pie detrás de una caja de huevos de porcelana.

"¡Ahora!", exclamó él, y vi que la cara de abuela cambiaba cuando se inclinó sobre la pequeña Gwen.

"Gracias", dijo el hombre mientras salía de la bolsa. La fotografía fue colocada sobre el hogar de la sala de niños. Me pareció que era hermosa. En ella se veía la casa de muñecas, con galería, balcón y todo. Abuela me ayudó a estirarme para que pudiese besar a mi hermanita.

Recuerdos del colegio

La dedicación de J. es un perpetuo recordatorio para mí. ¿Por qué no escribo también yo? ¿Por qué, si me siento tan plena, debiendo tener escrita la mayor parte de esto antes de volver a Inglaterra, no comienzo? Si sólo tuviese el coraje de hacer presión sobre el portal atascado, todo lo que está adentro sería mío: ¿por qué no lo hago ya? Porque soy perezosa, he perdido el hábito del trabajo y soy manirrota de manera increíble. Realmente es pereza, una especie de inmensa pereza, odiosa y desagradable.

Ayer estuve pensando en mi desperdiciada, desperdiciada infancia. Mi vida de colegio, que es un recuerdo tan vívido y detallado en un sentido, pudo no haber contenido nunca ni un libro ni una clase. Yo vivía en las niñas, en el profesor, en el enorme y encantador edificio,[7] en las llamas ardientes en invierno y en las flores abundantes en el verano. Las vistas desde las ventanas, todo el diseño que se estaba... tejiendo. Nadie lo veía como yo, creía. Mi mente era como una ardilla: juntaba y juntaba y lo ocultaba para el largo "invierno" en que redescubriría todo ese tesoro... y si alguien se acercaba, me trepaba al árbol más alto y oscuro y me escondía entre las ramas. Y estaba tan fascinada cuando observaba a Hall Griffin y todas sus costumbres, pensando en él mientras estaba ahí sentado, en su vida privada, cómo sería como hombre, etcétera, etcétera. (Nos contó que con su hermano una vez habían escrito un enorme poema titulado "La épica de los Hall Griffin"). Luego era sólo a raros intervalos que algo cruzaba como un relámpago entre esas cosas, algo sobre "Faery Queen" de Spenser o "Isabella and the Pot of Brasil" de

---

[7] Queen's College, Harley Street, Londres.

Keats, y esos relámpagos eran cuando yo no estaba nada satisfecha de H.G. y escribía en mis notas: Este hombre es un tonto. ¡Y Cramb, el maravilloso Cramb! La figura de Cramb era suficiente, él era "historia" para mí. Sin edad y vehemente, consumiéndose, muy orgulloso de lo que había visto pero volviéndose un poco ciego por lo mucho que había mirado. Cramb, paseándose por el aula, me llenaba hasta el borde. No podría describir el trueno de Cramb. Simplemente, deseaba estar sentada y escucharlo. Cada gesto, cada interrupción de sus paseos, todos sus tonos y sus miradas me resultan tan vívidos como si fuesen de ayer, pero de todo lo que decía sólo recuerdo frases: "Él se sentó allí y cayó su peluca", "Ana Bolena, una criatura encantadora y pura, saliendo de su tranquila puerta hacia la luz y el clamor" y mirando hacia atrás y viendo que la puerta familiar se cerraba con un pequeño ruido, para siempre.

¿Pero qué relato coherente podía dar yo de la historia de la literatura inglesa? ¿Y de la historia inglesa? Ninguno. Cuando pienso en *fechas* y en épocas, aparece la gente que no corresponde y falta la que debiera estar.[8] Cuando leo una obra de Shakespeare desearía poder ubicarla en relación con lo que la precede y lo que sigue después. Deseo tener en claro cómo era Inglaterra entonces, al menos un poco, y cómo era la gente (mientras lo escribo, creo que puedo hacer eso, al menos lo último), pero cuando se menciona a un hombre, aunque el hombre sea real, no deseo ubicarlo a la derecha de Sam Johnson cuando debería estar viviendo bajo la sombra de Shakespeare. Cosa que hago a menudo.

Desde que llegué aquí me he interesado mucho en la Biblia. He leído la Biblia por horas y horas y comencé a hacerlo con el mismo deseo. Quería saber si Lot seguía poco después a Noé o algo así. Pero me entristece tanto no saber hechos como esos: deberían ser parte de mi respiración. ¿Existe otra persona adulta tan ignorante como yo? ¿Pero por qué no escuchaba al anciano director que nos daba clases de Historia de la Biblia dos veces

---

[8] En la página opuesta hay una larga lista de las principales figuras de la historia de la literatura inglesa, desde el siglo XVIII hacia atrás. Evidentemente, Katherine Mansfield había estado intentando poner a prueba sus conocimientos. En el resultado final la lista, si bien muy corregida, es muy correcta.

por semana, en lugar de mirar fijamente su rostro que era muy redondo, de un rojo oscuro con una especie de pelusilla y todo cubierto de venitas rojas con infinitos y diminutos tributarios que le llegaban hasta la frente y se perdían en su enmarañado pelo blanco? Tenía manos pequeñas, también, regordetas, purpúreas, que brillaban con su piel manchada. Yo solía pensar, cuando miraba sus manos: le dará un ataque y morirá de parálisis... Nos decían que era un hombre muy erudito, pero yo no podía dejar de verlo con su levita de dos hileras de botones, con un gran casco de fibra seudo clerical, con un gran pañuelo blanco que le cubría la nuca, de pie y señalando con un paraguas el probable sitio de un probable campamento de alguna tribu nómade, a su mujer, una dama anciana de corazón amenazante que debía ir a todas partes en una especie de sillón de mimbre colocado en la parte posterior de un burro, y a sus dos hijas, de guantes de hilo y zapatos color arena, que olían débilmente a alguna mezcla contra los mosquitos.

Mientras él daba su clase yo me quedaba sentada y edificaba su casa, la poblaba, la llenaba de norteamericanos, de muebles pesados de ébano... aparadores como pequeños domos y mesas con patas de elefante, regalados a él por agradecidos amigos misioneros... Nunca tuve contacto con él, pero en una oportunidad, cuando pidió que levantara la mano alguna joven del aula que hubiese sido perseguida por un toro salvaje, como nadie lo hizo levanté la mía (aunque, por supuesto, a mí no me había ocurrido). "¡Ah!", exclamó, "me temo que tú no cuentas. Eres una pequeña salvaje de Nueva Zelanda", con lo que resultó un tanto exigente, porque debía ser la cosa más rara que un toro persiguiera a una muchacha por Harley Street, Wimpole Street, Welbeck Street, Queen Anne, alrededor de Cavendish Square...

¿Y por qué no aprendí francés con el señor Huguenot? ¡Qué oportunidad perdida! ¡Lo que eso no me ha costado! Él daba sus clases en un aula larga y angosta toda pintada, las paredes, la puerta, los marcos de las ventanas, de un verde grisáceo. El cielorraso era blanco y un poco más abajo había un friso con lazos y moños de flores blancas. A cada lado de la repisa de mármol de la chimenea, un muchachito desnudo se esforzaba bajo una fuente de uvas que sostenía por encima de su cabeza. Del otro lado de las ventanas, mucho más abajo, había un patio empedrado y se podía oír el atenuado ruido de los carruajes que entraban y salían, el sonido del agua que de una bomba se vertía en un balde grande... algunos jóvenes caminaban ruidosamente y silbaban. El aula era muy luminosa y en verano el señor H. quería que se entrecerraran las persianas... Era un hombrecito gordo.

El anciano no podía convencerse de que aún tuviera fuerza suficiente para levantar a un niño tan pesado. Deseaba hacerlo una y otra vez e incluso cuando el niño ya estaba mortalmente aburrido del juego, el anciano seguía tendiendo los brazos y sonriendo tontamente y tratando de levantarlo aun más alto. Hasta lo intentó con un solo brazo...

Saunders Lane

12 de marzo. Nuestra casa en Tinakori Road estaba alejada de la calle. Era una gran casa rectangular pintada de blanco con una galería de pilares delgados y un balcón que corría todo a su alrededor. En el frente, desde el borde de la galería, el jardín ondulaba en terrazas y tramos de escalones de cemento, hasta que se llegaba a la pared de piedra cubierta de tropeoleos y en la que había tres portones: el de los visitantes, el de los comerciantes, y un gran par de puertas antiguas de hierro que nunca se usaban y que se batían ruidosamente cuando Bogey y yo intentábamos treparlas.

Tinakori Road no era elegante: era muy híbrida. Por supuesto, había algunas buenas casas en ella, antiguas, por ejemplo como la nuestra, ocultas en desordenados jardines, y no había duda de que la tierra allí se tornaría sumamente cara, como decía papá, si uno compraba bastante y la conservaba.

Era un lugar alto, sano; el sol se vertía por todas las ventanas durante todo el día, y en una época tuvimos un decente servicio de tranvías, como argüía papá...

Pero era un poco molesto que la propia lavandera viviese en la casa de al lado y persistiera en sus intentos de conversar con mamá a través del cerco, y luego, más allá del "cobertizo" de la lavandera, como lo llamaba mamá, vivía un anciano que quemaba cuero en el fondo de su casa todas las veces que el viento soplaba en nuestra dirección. Y más allá vivía una innumerable familia de mestizos que al parecer habían sembrado su jardín con latas de mermeladas y viejas cacerolas y hervidores negros de hierro sin tapa. Luego, frente a nuestra casa había una empalizada, y debajo de ese cerco, en una depresión, apretado casi bajo el pliegue de una colina cubierta de argomones, estaba Saunders Lane.

[*K.M. parece haber utilizado ese lugar como escenario de su cuento "La fiesta en el jardín"*].

Marzo. Jinnie Moore era muy buena en declamación. ¿Era mejor que yo? Yo podía hacer llorar a las chicas cuando leía a Dickens en clase de costura, y ella no. Pero ella nunca lo intentaba, no le interesaba Dickens. Le gustaba algo sobre caballos y trampas y naufragios e incendios en praderas... ése era su estilo, su estilo temerario, pelirrojo, centelleante.

[*Lo que sigue es una carta no enviada, escrita para Frederick Goodyear, un amigo íntimo de Katherine Mansfield y mío. Por esa época, él servía en Francia en la sección meteorológica de los Royal Engineers. Pocos meses después solicitó que se lo destinara a un regimiento de infantería, para poder ir a la línea de combate. Allí fue muerto en mayo de 1917. Debe comentarse que ni uno solo volvió con vida de los amigos de Katherine Mansfield que fueron a la guerra. Esto explicará la impresión profunda e imborrable que causó en ella la guerra, una impresión que halló expresión en el último año de su vida en el cuento "La mosca". Frederick Goodyear, que estaba tres años más adelantado que yo en Brasenose, por cierto era el estudiante más destacado de Oxford de mi época. Fue el primero de mis amigos presentado a Katherine Mansfield después de que*

yo la conociera, y se hicieron amigos. Él nos acompañó a París en nuestra desafortunada expedición del invierno de 1913. Sus cartas y sus obras fueron publicadas en 1920 con una nota biográfica de F.W. Leith-Ross. Las palabras finales de su carta a Katherine Mansfield, a las que ella respondía, eran éstas:
"El hecho es que estoy en un estado de furia crónica hacia la vida; y NADA, si puedo evitarlo, me hará cambiar.
"Necesitamos una definición. Si el amor sólo es amor cuando es irresistible, no te amo. Pero si es una emoción relativa, sí.
"Personalmente, creo que todo, en todas partes, es una farsa.

"Fredk. Goodyear"].

Domingo. Villa Pauline, Bandol (Var). Señor F.G., nunca un pepino cayó tan pesado en el pecho de una mujer como su pasmosa declaración, que he leído dos veces y no volveré a leer ni arrastrada por caballos. Pero me lo paso preguntándome y por mi vida que no puedo pensar qué hay en mí que pudo haberlo perturbado tanto. Henry James ha muerto, ¿lo sabía? Yo no dije, impulsada por una pasión irresistible, que lo amara a usted. Sin embargo, estoy dispuesta a volver a decirlo mirando esta libra de cebollas que penden en una ristra de un clavo. ¿Pero por qué tiene usted que escribirme como si yo hubiese tomado un sesgo familiar y hubiera ido a verlo en un taxi para pedirle que me convirtiera en una mujer respetable? Sí, usted tiene mal carácter, es desconfiado y rudo. Y si cree que he pensado en usted como candidato posible, mi muchacho, se ha equivocado.

En realidad, ahora que pienso en su última carta, no creo que tenga ninguna gana de escribirme, y que me cuelguen si pienso disparar flechas al aire. Pero tal vez eso sea temperamento de mi parte; casi con seguridad, es puro estómago. Estoy tan hambrienta, simplemente vacía, y hace un momento, al ver con los ojos de la mente un trozo de lomo asado con abundante jugo, con salsa de rábanos picantes y papas horneadas, casi sollozo. Aquí no hay nada para comer, excepto omelettes y naranjas y cebollas. Hoy es un día fresco, soleado y ventoso, el tipo de día en que se desea una tremenda comida para el almuerzo y un sillón frente al fuego para repantigarse después como una boa constrictora. Ahora me siento sentimental con respecto a Inglaterra... comida inglesa, ¡*decente derroche* inglés! Cuánto mejor que estos tacaños franceses, cuyos huertos no son más que potenciales fuentes de ensaladas. No hay una sola hoja en Francia con la que no se pueda "faire une infusión" ni una brizna que no sea "bon pour la cuisine". Por Dios, me gustaría comprar una libra de la mejor manteca, ponerla en el antepecho de la ventana y observarla mientras se derrite, para mortificar a los franceses. Son un grupo de mezquinos poco fáciles, a pesar de todos sus activos ahorros... Por ejemplo, sus casas... qué espantoso mobiliario... y nunca una silla cómoda. Si usted desea charlar, la única cosa posible es ir a la cama. Es cuestión o de quedarse de pie o de acostarse al calor de un hinchado edredón. Entiendo muy bien la razón de lo que se denomina aflojamiento moral francés. Simplemente, una se ve obligada a ir a la cama... no importa con quién. No hay otro lugar posible. Supongamos que un hombre *joven* viene a arreglar la luz eléctrica y sigue hablando y señalando el cielorraso... o que viene un amigo a tomar el té y pregunta si una cree en el Mal Absoluto. ¿Cómo se va a poder poner la mente en esas cosas cuando se está sentado sobre cuatro perillas y una pulgada cuadrada de caña? Es muchísimo mejor tenderse cómodamente y *rendirse a la situación*.

Más tarde

Ahora he comido una de las omelettes y una de las naranjas. El sol se ha escondido y está empezando a tronar. Hay un pajarito en un árbol junto a la ventana que, más que cantar, está afinando una nota. Está logrando una punta muy fina; supongo que usted sabría el nombre del pájaro... Escríbame otra vez cuando todo no sea tan farsesco.

¡Adiós por ahora!

Con mi amor estrictamente relativo.

K.M.

Notas sobre Dostoievsky

Marzo. Nastasya Filipovna Barashkov (*El idiota*).

Página 7. Rogozhin la menciona a ella por primera vez en el tren y es "reconocida" de inmediato por un hombre de nariz roja y cara granosa que "la conoce perfectamente".

"Armance y Coralie y la princesa Patsy y Nastasya Filipovna".

"Iremos a ver a Nastasya Filipovna". *Proféticas palabras.*

Página 9. ¿Por qué aceptó ella los pendientes de un hombre a quien nunca había visto? No era mujer que codiciara las joyas. Tenía muchas, y era muy particular en su conducta hacia otros hombres. ¿Será ésa una costumbre rusa? ¿Aceptar pendientes como una especie de reconocimiento de su belleza?

Páginas 26 y 27. El retrato: "Oscura y profunda, apasionada y desdeñosa".

Página 33. "Su rostro es alegre, pero ella ha pasado por terribles sufrimientos, ¿verdad?... Es un rostro orgulloso, sumamente orgulloso, pero no sé si ella tiene buen corazón. ¡Ah! ¡Si lo tuviese! Eso lo redimiría todo".

Página 37. La historia de Nastasya. El cambio que se produce en ella cuando aparece en Petersburgo; su conocimiento casi "técnico" del modo en que se hacen las cosas en el mundo, no es del todo imposible. En tales mujeres, eso parece ser una especie de instinto. (Maata era igual. Ella simplemente sabía esas cosas de ninguna parte). Su acción, que según Dostoievsky es "por despecho", es para demostrar su poder, y que cuando él ha arrojado el arma con que la ha herido, ella se siente terriblemente astuta.

Después de leer otra vez todo *El idiota*, y muy cuidadosamente, me siento un poco más confundida que antes acerca del carácter de Nastasya Filipovna. No está realmente bien hecha, está mal hecha. Y a medida que uno lee, va tomando cuerpo una especie de irritación, una *contrariada* fascinación, que casi consigue borrar al fin esas "impresiones" primeras y de verdad maravillosas de ella. ¿Qué se proponía Dostoievsky, en realidad?

Shatov y su esposa (*Los endemoniados*)

Hay algo notablemente significativo en la actitud de Shatov hacia su mujer, y es sorprendente cómo, cuando al fin Dostoievsky vuelve sobre él una luz suave pero penetrante y completa, hemos logrado reunir un buen conocimiento de su carácter a partir de sus anteriores informaciones incidentales y sus impresiones indefinidas. Él es lo que habíamos pensado, se comporta exactamente como esperábamos. Está toda esa dureza y lo que se podría denominar "confusión mental" en su temperamento, y resulta extraordinariamente trágico que aquel que muy pronto va a destruirse comprenda de repente y por medio de una tercera persona, por medio de un bebé que berrea, el milagro que significa estar vivo.

Cada vez que leo esos capítulos sobre su recién nacida felicidad, aliento una especie de pequeña esperanza de que esta vez escapará... que será advertido, que no morirá.

¿Cómo sabía Dostoievsky de ese extraordinario sentimiento vengativo, ese gusto por la pequeña risa, que invade a las mujeres en el dolor? Se trata de algo muy secreto, pero es profundo, profundo. Ellas no desean ahorrárselo a aquel a quien aman. Si aquél las ama con una especie de ciega devoción, como Shatov amaba a Marie, ellas desean atormentarlo, y ese tormento les da a ellas un alivio real y positivo. ¿Se parece esto de alguna manera al tormento que tan a menudo se observa en Dostoievsky en sus asuntos pasionales? ¿Están siempre felices sus mujeres cuando atormentan a sus amantes? No, ellas también lo están durante la agonía del parto. Están dando a luz sus nuevos "yo". Y nunca creen en sus partos.

[Después de nuestro regreso de Bandol en abril de 1916, vivimos en Higher Tregerthen, en Cornualles del Sur. En setiembre de 1916 fuimos a Londres].

Noviembre. 3 Gower Street. ¡Es tan extraño! De pronto estoy de vuelta, entrando en mi cuarto y deseando escribir y... un golpe de la señorita Chapman en la puerta. Ha venido un hombre a limpiar las ventanas. ¡Podría haberlo sabido!

Y así nos reclama la muerte. Estoy segura de que en ese momento final se oirá un golpe y Otra Persona vendrá a "limpiar las ventanas".

B. me ha dado su lapicera fuente. El cuarto está lleno de humo esta noche, el gas burbujea como si las cañerías estuviesen llenas de agua. Está muy tranquilo. Estoy bastante resfriada, pero me siento absolutamente viva después de mi experiencia de esta tarde.

8 de diciembre. Esta mañana pensé y pensé pero sin mucho provecho. No sé porqué, pero mi inventiva parece casi desertarme cuando deseo bajar a la tierra. Estoy perfectamente allá arriba. Incluso en mi cerebro, en mi cabeza, puedo pensar y realizar y escribir maravillas... maravillas; pero en el momento en que realmente trato de escribirlas, fracaso miserablemente.

1917

[En la primavera de 1917, Katherine Mansfield tomó un estudio para ella en Church Street, Chelsea, mientras yo tenía habitaciones muy cerca, en Redcliffe Road].

Verano

"Et pourtant, il faut s'habituer à vivre,
Même seul, meme triste, indifferent et las,
Car, ô ma vision troublante, n'est-tu pas
Un mirage incessant trop difficile à suivre?

[Los cuentos a los que se hace referencia en la nota siguiente, por lo que sé, nunca fueron terminados. Todo cuanto quedó de ellos es una página del manuscrito de "Ginebra". No entiendo toda la nota, que está escrita de la manera comprimida y críptica que Katherine Mansfield utilizaba para esbozar sus cuentos. La observación niñito acerca de la tetera y el gatito aparece en "El día del señor R. Peacock", "Gloria", p. 205].

Chéjov me hace sentir que este deseo de escribir historias de extensión tan desigual se justifica plenamente. *Ginebra* es una historia larga y *Hamilton* es muy breve, y ésta debería ser escrita para mi hermano realmente, y otra sobre la vida en Nueva Zelanda. Luego está Baviera. "Ich liebe Dich, Ich liebe Dich", flotando en el aire... y luego está París. ¡Dios! ¿Cuándo escribiré todas esas cosas y cómo?

¿Es eso todo? ¿Puede ser eso todo? Eso no es en absoluto lo que me proponía.

Chéjov tiene mucha razón acerca de las mujeres; sí, tiene mucha razón. Estas hadas de negro y plata... "y entonces, demoliendo el camino, con su larga piel marrón meciéndose detrás, rozando las hojas con su larga falda, llorando: por supuesto, a él lo entristecía muchísimo que ella no recibiera satisfacción, tal como se hubiese sentido si a ella no le hubieran gustado las frutillas con crema... viernes... viernes... él no podía quitarse esa palabra de la cabeza... y ante él estaba de pie el hombrecito con su pelo prolijamente peinado, que decía: '¡Por favor, coman algo!'". Pero no puedo creer que a esa altura de los acontecimientos no hubiese ocurrido algo bastante extraordinario. Me siento sin darle la espalda a nadie.

T.F.; M.F. A esta mujer la conozco muy bien: vana, ansiosa, hermosa, *désenchantée*, una "actriz".

"Puedo poner una camita en un rincón.

"¿Qué prefieres, papito, los gatos o los perros?"

"Bien, creo que prefiero los perros, querido.

"Yo no; me gustaría tener un gatito que fuera de grande como una pequeña tetera".

Un personaje, el del hombre, me supera. Deseo un hombre muy tranquilo, absorbido por su tarea, el que una vez que comprende, que comprende realmente, que su esposa se ha casado con él para sus propios fines, no tiene nada más que hacer con ella, pero aún la ama y adora al niño. Es todo un poco difícil de escribir, pero muy fascinante, y no debe ser muy extenso.

¿Escribe esta lapicera? Oh, espero que sí. Porque es realmente espantoso tener una lapicera que no escribe. Y luego un clérigo se acerca a él y le dice que su rebaño se ha dispersado. ¡Bueno, esto es cómico! ¿Ven?

21 de agosto. 141 A Church St., Chelsea. Esta tarde volví a casa y llegó F. Yo estaba de pie en el estudio y alguien silbó en el sendero. Era él. Salí y compré leche, miel y pan Veda. En seguida nos sentamos a tomar té y charlamos. En muchos sentidos, este hombre es extraordinariamente como yo. Me gusta tanto; me siento tan *honesta* con él que se convierte simplemente en una de mis verdaderas alegrías, una de las verdaderas alegrías de mi vida, que él venga a charlar y a estar conmigo. No me daba cuenta, hasta que estuvo aquí y comimos juntos, de cuánto lo quería... y qué cómoda me sentía con él. Un entendimiento real. Podríamos haber hablado un idioma diferente... regresábamos de un país lejano. Pero sentí que todo estaba bien, y nos entendimos. Simplemente, eso. Y hubo "naturalidad" entre nosotros. Existe una división: la gente que es mi gente, la gente que no es mi gente. Él es mío. Le regalé mi ranita.[9]

Cuando salimos volví a ver el cielo después de toda la ceguera del día: pequeñas nubes y grande nubes. Nos despedimos en Vinden's. Eso es todo. Pero yo deseaba hacer una nota de ello.

    I. Se encuentran y apenas se tocan.
   II. Se unen y se separan.
  III. Están separados y vuelven a encontrarse.
  IV. Reconocen el vínculo que los une.

Alors, je pars

Es sorprendente la violencia con que se sacude una gran rama cuando un tonto pajarito la abandona. Supongo que el pájaro lo sabe y se siente inmensamente arrogante. La manera en que él reaccionó, mi Dios, cuando dije que iba a dejarlo. Estaba desesperado. Pero ahora la rama vuelve a estar quieta. Ni un pimpollo ha caído, ni una ramita se ha roto. Se yergue en el aire brillante, segura y firme, y gracias al Señor, ha recuperado sus noches para sí otra vez.

---

[9] Una rana de bronce que era una de las posesiones atesoradas por Katherine Mansfield.

Un chelín perdido

Un golpe en la puerta. Dos hermanas de Nazaret: una, bastante bonita y humilde, más atrás, esperando; la otra, muy voluble y conversadora, con sus manos en las mangas. Cuando sonrió, mostrando sus encías pálidas y sus grandes dientes descoloridos, decidí que había superado mi actitud sentimental hacia las monjas. Estaban haciendo una colecta para el hogar de niños. Se admitían toda clase de niños, excepto los que sufrían enfermedades infecciosas o podían sufrir ataques. Me pregunté qué ocurriría si uno tenía ataques después de ser admitido y decidí que yo tendría el ataque más realista en cuanto la puerta nazarena se cerrara detrás de mí... La recuerdo a usted bien del año pasado, dijo la monja. Pero yo no estaba acá el año pasado. Ah, la gente cambia tan rápidamente, acotó ella. Sí, pero tal vez sus rostros no, dije yo, seriamente, mientras le daba el chelín que estaba por poner en el medidor del gas. Ojalá lo hubiese puesto en el medidor del gas cinco minutos antes...

Vivir sola

Aunque por odiosa casualidad hallase un pelo sobre mi pan con miel, de todos modos se trataría de mi propio pelo.

¡Cuidado con la lluvia!

Tarde por la noche, cuando ya se han retirado los restos de la cena, soplado las miguitas que cayeron en el libro que se estaba leyendo, encendido la lámpara y uno se ha acurrucado frente al fuego, ése es el momento de cuidarse de la lluvia.

E. M. Forster

Anoche, mientras acomodaba mis libros más débiles, me encontré con un ejemplar de *Howard's End* y le eché una mirada.

Pero no es lo bastante bueno. E.M. Forster nunca pasa de calentar la tetera. Tiene una mano extraordinariamente buena para eso. Toquen esta tetera. ¿No está deliciosamente cálida? Sí, pero no hay té.

Amor y hongos

Si se pudiera diferenciar el verdadero amor del amor falso así como se distingue entre hongos buenos y hongos venenosos. Con los hongos es tan sencillo... se los sala bien, se los pone a un lado y se tiene paciencia. Pero con el amor, tan pronto como uno encuentra algo que tenga incluso el más remoto parecido, ya está seguro de que no sólo es un ejemplar genuino, sino tal vez el *único* hongo genuino que aún no se ha recogido. Es necesario un espantoso número de hongos venenosos para que uno comprenda que la vida no es un largo hongo.

Los bebés y la querida y anciana Reina

Cada vez que veo un bebé en brazos, vuelve a asombrarme su parecido con la querida y anciana Reina. Ellos tienen el mismo aire de falsa resignación, la misma gordura triste y real. Si sólo su Majestad se hubiese dignado fotografiarse con un gorro de lana blanca, adornado con plumón, no se podría advertir la diferencia. En especial si se la hubiese podido persuadir para que se sentara sobre la rodilla de abuelo Gladstone para la ocasión.

Los sueños y el ruibarbo

Mis ramitas de ruibarbo estaban envueltas en un ejemplar del *Star* que contenía el último discurso, más que elocuente, de Lloyd George. Mientras trozaba el ruibarbo, mis ojos se posaron y quedaron fijos en esa oración en la que él nos dice que hemos aferrado uno de los palos de golf, el niblick, y hemos salido al campo abierto. Gracias a Dios que siempre haya un alma piadosa presente con una canasta para recoger esos tiernos pimpollos cuando se caen. ¡Ah, Dios! Es horrible pensar que esas palabras inmortales puedan caer en el olvido sin que se las festeje. Me encantó pensar, mientras ponía el ruibarbo en la cacerola, que con los años –quiera Dios que dentro de muchos, muchos años– cuando en la plenitud del tiempo, lleno de madurez y sabiduría, el Todopoderoso crea adecuado acercarlo a Sí, algún gentil labrador de piedra que viva su vida tranquila en el pueblito que conoció al gran David de niño, tome un trozo de buen mármol blanco y grabe en él dos palos de golf cruzados y debajo:

En la hora del más inminente peligro para Inglaterra, aferró su niblick y salió al campo abierto.

Pero lo que me preocupa bastante, pensé mientras reducía la llama de gas porque el ruibarbo había empezado a hervir, es cómo se deben traducir esas poderosas palabras para que nuestros aliados puedan apreciarlas en todo su sabor. Esas multitudes de pacientes rusos, esperando en la nieve, tal vez, que les lean el discurso en voz alta… ¿qué terrible arma les presentará su imaginación? A menos que *The Daily News* le sugiera al señor Ransome que camine por el Nevsky Prospekt con un niblick en lugar de un paraguas, para que todo el mundo lo vea. Y los franceses, ¿qué *espèce* de *niblickisme* harán de ellos? ¿Leeremos en los periódicos franceses de la semana próxima acerca de alguien *qui manque de niblick*? O que "*Au milieu de ces événements si graves ce qu'il nous faut c'est du courage, de l'espoir et du niblick le plus ferme…*", me preguntaba mientras retiraba el ruibarbo.

Un idilio victoriano

>Ayer Matilda Mason
>Sola en la sala
>Rompió una bella bacía china
>Colocada sobre el estante.

Uno imagina a Matilda con un vestidito a cuadros, con moños marrones en los hombros, pantaletas de muselina, sandalias negras y un racimo de ricos y brillantes bucles mantenidos en su sitio con una banda de terciopelo. Ella anda en puntas de pie por la sala, entre los estantes y antimacasares y bastidores y la caja de tareas de mamá con aplicaciones de marfil y el atril de papá con la flauta de perlas engastadas que lo atraviesa... ¿Cómo es que está en la sala a solas? ¡Niña tonta e imprudente! ¿Por qué no estaba sentada sobre un almohadón de cuentas en la sala de niños, estudiando una de esas amables melodías para infantes de uno y medio a tres años (Charles: ¡Por favor, querido papá! ¿Qué es el sistema solar? Papá: Límpiate la nariz, Charles, y te lo diré) o bordando "Dios es amor" en rojo sobre la funda del camisón para su querida mamá?

Ella había apartado el crespón del sombrero de su papá, quien la había estrechado contra su palpitante corazón antes de partir hacia ese misterioso lugar, la Ciudad, donde las mujeres no se animaban a poner los pies; su mamá, que había visto el coche del médico detenerse ante el número 12, se había puesto los pendientes azabache que seguían a los mejores que tenía, se había envuelto en su chal de cachemira que era casi el más nuevo, y había llevado un frasco de agua de colonia...

1918

[En noviembre de 1917, K.M. contrajo un resfriado que se convirtió en pleuresía. Cuando se hubo recuperado en parte, el médico le aconsejó que se fuera al sur de Francia. Ella se mostró muy contenta ante la perspectiva. No se dio cuenta, y nadie le advirtió, que durante los dos años que habían pasado desde que ella estuviera en Bandol, las condiciones en Francia habían cambiado profundamente. Resultaba difícil viajar por ferrocarril, la comida era mala. Y, tal vez lo más importante, ella no deseaba admitir que estaba gravemente enferma. Su coraje y su confianza la engañaron, así como a sus amigos. Se persuadió a sí misma y a ellos de que se la debía envidiar porque la enviaban al sol.

Después de un viaje espantoso, descrito en una de sus cartas, llegó a Bandol en enero de 1918 y halló que el pueblito mediterráneo que recordaba tan hermoso, ahora estaba sucio y descuidado. Desde el momento en que llegó estuvo gravemente enferma y muy sola, hasta que en febrero su amiga L. M. consiguió reunirse con ella].

 Enero. Bandol. Cuando estoy sentada en las rocas, cerca del borde del mar, siempre imagino oír sobre el sonido del agua la voz de dos personas que hablan en alguna parte, no sé cuál. Y la charla siempre se ve interrumpida por algo que no es ni risa ni llanto, sino un sonido bajo estremecedor que podría ser cualquiera de las dos cosas y es parte de ambas.

 ¡Pero, señor! ¡Señor! ¡Cómo odio a los franceses!

 Mademoiselle se lamenta de tener los *pieds glacés*.

"Entonces, por qué luce tan bonitas medias y zapatos, Mademoiselle?, pregunta socarronamente Monsieur.
"Eh... oh, la... C'est la mode!".
Cuánto más fácil es atacar a un insecto que escapa de uno antes que a un insecto que corre hacia uno.

Nota: Un manguito como una nuez dura. (Ratón en *Je ne parle pas*).

Febrero. Lo que ocurre es que vuelvo absolutamente exhausta, me recuesto, me siento y quedo envuelta en una bruma de fatiga –un estado horrible– hasta las 7. Apenas puedo caminar... no puedo pensar, no me animo a acostarme a dormir porque si lo hago sé que estaré acostada despierta toda la noche, y ése es mi gran terror. Oh, cómo desearía tener un *sofá* o un sillón muy cómodo... ése es el deseo constante en lo recóndito de mi mente; y aparte de eso y de una sensación de tristeza por desaprovechar el tiempo, estoy simplemente en blanco. El dolor continúa en la parte izquierda de mi espalda y es *el...* Eso agrega, por supuesto, porque finalmente se vuelve intolerable y me obliga a echarme en la cama muy cubierta para soportarlo. Pero esto es mala suerte.

Versos escritos en una cama extranjera

Todopoderoso Padre de Todo y Muy Celestial Dador
    Que nos has dado a nosotros, tus hijos, un corazón y
        pulmones y un hígado;
Si sobre mí descendiera tu hermoso don de las lenguas
    No inclines tu oído Omnipotente a mis comentarios sobre
        los pulmones.

"¿Toujours fatiguée, Madame?
"Oui, toujours fatiguée.
"Je ne me lève pas, Victorine; ¿et le courier?
Victorine sonríe significativamente. "Pas encore passé".

19 de febrero. Me desperté temprano esta mañana y cuando abrí las persianas todo el sol redondo acababa de salir. Empecé a repetir aquel verso de Shakespere: "Lo, here the gentle lark weary of rest", y me volví a la cama de un salto. El salto me hizo toser... escupí... tenía un gusto extraño... era brillante sangre roja. Desde entonces he seguido escupiendo cada vez que toso. Oh, sí, por supuesto que estoy asustada. Pero solamente por dos razones. No quiero estar enferma, es decir, "gravemente" enferma, lejos de J. J. es el primer pensamiento. Segundo, no deseo descubrir que ésta sea una verdadera tuberculosis, quizá galopante... ¿quién sabe?... y yo no tendré mi obra escrita. *Eso es lo que me importa*. Qué insoportable sería morir... dejando "restos", "fragmentos"... nada realmente terminado.

Pero siento que lo primero que debo hacer es volver a P. Sí, el pulmón derecho me duele mucho, pero siempre me duele, más o menos. Pero J. y *mi obra*... son todo en lo que pienso (mezclados con curiosos deseos visionarios de jardines llenos de flores). L. M. ha ido a buscar al médico.

Sabía que esto sucedería. Ahora diré por qué. En mi viaje hacia aquí, en el tren de París a Marsella, me senté en un compartimiento con dos mujeres. Las dos estaban vestidas de negro. Una eran grande, la otra pequeña. La pequeña y ágil tenía una sonrisa dulce y ojos claros. Se la veía sumamente pálida, había estado enferma, y venía para descansar. Cuando se hizo de noche, la grande se envolvió en un chal negro, y lo mismo hizo su amiga. Ellas atenuaron la luz de la lámpara y empezaron a hablar (las escuchaba) de enfermedades. Me quedé sentada en el rincón sintiéndome muy enferma.

Luego la grande, zangoloteándose en el tren, dijo qué *lugar fatal* era esta costa para todos los que estuviesen aun amenazados de problemas pulmonares. Presentó los ejemplos más espantosos, en especial uno que me dejó helada, de una norteamericana *belle et forte avec une simple bronchite* que vino aquí a curarse y en tres semanas tuvo una grave hemorragia y *murió*. "Adieu mon mari, adieu mes beaux enfants".

Ese recital, en un oscuro tren en marcha, a cargo de aquella mujer grande enfundada en negro, tuvo un efecto sobre mí que nunca quise reconocer ni mencionar. Sabía que la mujer era una tonta, una histérica, una morbosa, *pero le creí*; y desde entonces su voz ha seguido resonando en mi mente...

Juliette ha entrado y ha abierto las ventanas; el mar está tan lleno de "pequeñas risas" y en el espacio de la ventana algunas mosquitas están ocupadas en su danza precipitada e intrincada.

> [*Juliette era la pequeña camarera del hotel que atendía con dedicación a Katherine Mansfield. Hay muchos retratos encantadores de ella en las cartas de esa época.*
> *Al fin, tras muchas demoras fastidiosas, Katherine Mansfield recibió permiso de las "autoridades" para regresar a Inglaterra. Pero el mismo día que llegó a París se inició el bombardeo general de la ciudad y todo el tráfico civil entre París y Londres fue suspendido de inmediato. Por casi tres semanas ella estuvo en París, agotada por su enfermedad, pero debiendo visitar continuamente a varias "autoridades" para obtener el permiso para permanecer o para partir. Consiguió llegar a Londres el 11 de abril, convertida en una sombra de sí misma. Los estragos de cuatro meses de ansiedad y enfermedad habían sido terribles*].

2 de abril. París. No estoy haciendo lo que juré que haría en Bandol. Otra vez debo escribir la palabra

DISCIPLINA

y debajo

¿QUÉ PREFIERES?

Y cada día, después de eso, mantener un estricto control de aquello en lo que fallo. He fallado mucho estos últimos días y esta noche fue un *"comble"*. *Esto*, para los no iniciados podrá parecer una gran tontería. Sospecharían no sé qué de mí. ¡Si sólo supieran la infantil verdad! Pero no la sabrán. Ahora, Katherine, aquí va para mañana... Persiste, muchacha. Es una oportunidad tan buena ahora que L. M. no espía.

3 de abril. Un día bueno

Él se despertó pero no se movió. Abrigado y solemne yacía, con ojos preocupados muy abiertos, un gesto de dolor en la boca, casi frunciendo el entrecejo por un momento largo. En ese momento largo saltó de la cama, se bañó, se vistió, llegó al muelle, subió al bote de paso, cruzó el puerto y empezó a saludar con la mano a Isabel y Maisie que estaban de pie allí, esperándolo en el desembarcadero. Un marinero alto y joven, muy próximo a él, tiró un rollo de cuerda alquitranada que cayó en un largo rizo sobre el amarradero... Muy bellamente hecho... Y todo ese momento (visión) era tan claro y brillante y pequeño, que él con su carne y su gesto de amargura y sus ojos solemnes podría haber sido un bebé que observa una burbuja.

"Estoy allí... estoy allí. ¿Por qué tengo que empezar y hacerlo todo lentamente de nuevo? " Pero mientras él pensaba, se movía y la burbuja desapareció y fue olvidada. Él se sentó en la cama sonriendo mientras se bajaba las mangas del pijama. "*Je me repose*".

25 de abril. "Bien, siéntate, Mansfield, y *reposez-vous*", dijo F. "y yo seguiré vistiéndome".

De modo que entró en su dormitorio y cerró la puerta intermedia y yo me senté en el extremo del sofá. El sol entraba todo por las dos ventanas y dividía el estudio en cuatro, dos cuartos de luz y dos de sombra, pero todas las cosas que el sol tocaba parecían flotar en él, bañarse y centellear como si pertenecieran no a la tierra sino al agua; también, de alguna extraña manera, parecían moverse.

Cuando uno se apoya sobre el borde de la roca y ve algo encantador y brillante que destella en el fondo del mar, es sólo el agua clara y temblorosa que danza... pero... ¿se puede estar completamente seguro...? No, no muy seguro, y ese pequeño grupo chino sobre el escritorio puede o no haberse despertado por sólo un centésimo de segundo en cientos de años de sueño.

Muy hermosa, oh Dios, es una tetera azul con dos tazas blancas que esperan; y una manzana roja entre las naranjas le agrega fuego a la llama. En los estantes blancos, los libros recorren escalas de color, con notas rosadas y lilas que recurren, hasta que sólo quedan ellas, resonando una y otra vez.

Hay una cantidad de marcos, algunos pintados y otros sencillos, contra la pared, y el cuadro de una mujer desnuda con los brazos levantados, lánguida, como si su pesada y floreciente belleza fuera difícil de soportar. Hay dos bastones y un paraguas en un ángulo y en el hogar una cafetera que se parece curiosamente a un pájaro.

Blancas cortinas caladas sobre las ventanas. A pesar de todo el sol, afuera llueve. En el centro del cuarto el gas tiene una pálida pantalla de papel amarillo, y F. silba constantemente mientras se viste.

Reposez-vous.
Oui, je me repose...

26 *de abril*. Si hiciera lo que quisiera, me quedaría en Redcliffe Road hasta después de la guerra. Me sienta. Cualesquiera que sean sus defectos, no es burguesa. Hay "algo un tanto extraño" en la gente que vive en ella; todos son más o menos "tocados". Andan por todas partes sin el sombrero puesto y van a buscar y transportan su comida e incluso su carbón. Hay casi cuatro campanillas en cada puerta. Las cortinas son todas "raras" y raídas. Las domésticas, viejas moscas jadeantes, chismorrean entre sí... "En el N° 56 tuvieron una fiesta anoche. Usted nunca habrá visto nada como el estado de ese cuarto esta mañana...". "...Es hora de que se case, pienso yo. Su novia ya pasa la noche con él. Él dice que le da su cama a ella y que duerme sobre la mesa. ¡No me diga usted que un pedazo de hombre como él va a dormir sobre la mesa".

Pregunta: ¿Pero te gusta esta clase de charla? ¿Este tipo de cosas? ¿Y los Poetas, y las flores y los árboles?

Respuesta: Como no puedo tener la otra cosa perfecta, me gusta esto. Me siento libre acá. No tiene ningún hogar permanente, y tampoco lo tengo yo. Y... y... Oh, bien, me siento tan cínica.

[Como no podía ser que K.M. se quedara en mis dos oscuros cuartos de la planta baja de Redcliffe Road, el 17 de mayo fue a Looe, Cornualles, mientras yo buscaba una casa en Hampstead].

21 de mayo. Looe, Cornualles. ...Siento claramente, en mi espantoso estado actual, que no puedo tomar contacto con mi mente. Estoy de pie, jadeando, en una de esas desagradables cabinas telefónicas y no puedo "comunicarme".

"Lo siento, no responden", tintinea la vocecita.

"¿Quiere llamarlos otra vez... Cambio?". Un buen timbrazo largo. Debe haber alguien allá.

"No consigo que me respondan".

Entonces supongo que no hay nadie en el edificio... nadie. Ni siquiera un tonto cuidador. No, está oscuro y vacío y silencioso... por sobre todo, vacío.

Nota: Lo extraño es que sigo viéndolo –me refiero a ese edificio vacío– como la oficina de mi padre. Le siento el mismo olor. Veo la caja del deteriorado montacargas y las cuerdas embreadas que cuelgan.

22 de mayo. Aquí el mar es un mar real. Se eleva y cae con un fuerte estrépito, tiene un oleaje sedoso que suena a ronroneo, a veces parece trepar hasta mitad de distancia al cielo y se ven los barcos de vela encaramados sobre nubes, como querubines que volaran.

¡Hola! Aquí vienen los enamorados. Ella tiene una cintura pequeña, un sombrero que es como un plato invertido. Él luce un falso panamá, barboquejo, bastón, etcétera, y la rodea a ella con su brazo. Caminan entre el cielo y el mar. La voz de él llega flotando hasta mí: "Por supuesto, la carne envasada de tanto en tanto no importa, pero una dieta perpetua de carne envasada debe producir...".

Estoy segura de que el Señor los ama y de que ellos y su progenie prosperarán y se multiplicarán por siempre...

[De las frases siguientes, las que están marcadas por las iniciales K.M. (por ella misma) son suyas. Una o dos del resto pueden ser citas].

...encontrarse, cuando se detiene el carruaje, con la presencia augusta.

La joya envuelta en un trozo de seda vieja y negociable un día en el mercado de la miseria.

Exuberantes complicaciones que tornan el aire demasiado tropical...

La sensación de las flores cerradas... como si la noche hubiese puesto su mano sobre sus corazones y estos estuviesen cerrados y en paz como flores cerradas. (K.M).

...arrancaba sus sensaciones por el camino, separaba, nerviosamente, los pequeños pimpollos salvajes de su oscuro bosque.

El gran lujo de no tener que dar explicaciones.

El avestruz que hunde la cabeza en la arena de todos modos desea dar la impresión de que su cabeza es su parte más importante. (K.M. Buena).

Aunque ella en cierto sentido simplemente se me ofreció, era tan fría, tan rica, tan espléndida, que no vi una cuchara de plata suficiente para animarme a servirme... (K.M).

Si iba a haber grandes libertades, estaba decidida a gozarlas también. No iba a quedarse posada, oscilando peligrosamente en la jungla cambiante como un monito que ha saltado de un árbol a la cabeza de un elefante y se aferra a una gran oreja. (K.M).

Ella era completamente igual. Se la podía cortar rodaja tras rodaja y se sabía que nunca se daría con una ciruela o una cereza o un trozo de piel.

Nuestros amigos son sólo una corporización más o menos imperfecta de nuestras ideas.

Junio. Looe. Extraordinaria característica. Zapatos que nunca antes han chirriado empiezan a hacerlo.

Un día frío... el cucú que canta y el mar como un metal líquido. Todo parece desapegado... desenraizado... volando por el aire violento o a punto de volar. Hay casi una sensación de tener que esquivar a estos poco naturales pájaros sin timón... Para emplear una imagen sencilla, imagínese el mundo como un inmenso suelo que se seca y en el que todo ha sido barrido... Resulta muy inquietantemente agotador.

Y el día se apagó... Las horas vacías cargaron sobre él y él se derramó como semillas...

> *[La señora Honey, en la nota siguiente, era la camarera del hotel de Looe, y como la mayoría de sus servidoras, tenía gran afecto por Katherine Mansfield].*

Más tarde

La señora Honey replica. Ha estado llorando. La señora le habló con "terrible crueldad" de una jarra rota. Mintió. La amedrentó. Y la pobre criatura vieja, que ha tenido que arreglar 15 cuartos y fregar tres tramos de escaleras (68 años) "no pudo evitar las lágrimas...".

Deseo que a la señora le aparezca un tumor durante la noche, que se lo operen mañana y esté "muerta y enterrada" antes de la cena del domingo. Ella es exactamente como una gran vaca con un vestido de seda negra y nunca, NUNCA, NUNCA morirá.

"Si el fuego se pone brillante, su hombre está de buen humor". (Señora Honey).

Más tarde

Acabo de ir al cuarto de J. para dejar un libro y abrí la colcha rosada para ver si tenía suficientes mantas en la cama. Mientras lo hacía pensé en J. como en un muchacho de unos 17 años. Tuve una suerte de *visión profética* de hacer lo mismo para mi hijo... en los años futuros. El momento no tuvo valor emocional alguno, en especial porque todo quedó ahogado en el olor del cordero asado. Ahí se oye el gong: suena como una tímida alarma de incendio. Pero espero hasta que haya terminado el primer plato. Espero hasta que los chimpancés hayan cubierto su pequeña charca antes de empezar a partir nueces con ellos.

Más tarde

La mesa estaba puesta para dos. Comí frente a una servilleta blanca que tenía la forma de una mano de dedos abiertos. Ahora me he vestido y estoy esperando el coche. Acabo de frotarme *genêt fleuri* en el cuello: se me ve *diferente*, como si yo hubiese sido creada para que me tocaran y no para quedarme en un rincón, con el arco en esa abertura que se asegura con dos botones. ¡No! Ahora el arco pende de la clavija... AL MENOS.

(AMOR, debe leerse después de que haya sucedido).

Junio. Parálisis como idea. Una idea placentera. Enfermedad de la columna. Un shock. Paro cardíaco. Algún "oscuro" horror. Muerte antes del viernes. Una lisiada, incapaz de hablar, mi rostro todo *deformado*. Pero las tapas de este emparedado son un ataque de parálisis; el importante centro, un paro cardíaco. Bien, lo he preparado para mí y lo he comido día tras día, día tras día... Es un pan *interminable*... Y me gustaría dejar asentado que el dolor es un poco menos que insoportable... sólo un poco menos que insoportable.

Hoy a las 4.30 me venció y empecé, como los estudiantes de Chéjov, a "pasear de un rincón a otro", luego hacia uno y otro lado, una y otra vez, y el dolor me *atormentaba* como una maldición y apenas podía respirar. Luego me senté y traté de tomarlo con calma. Pero aunque tengo un sillón y un fuego y una pequeña mesa, todo muy bien ubicado y cómodo, me siento demasiado mal para escribir. Creo que tal vez podría dictar, pero escribir no. *Trop malade*.

Además, he estado toda la tarde esperando a A. Pensé que en esa tormenta ella "se habría dispersado por el aire". "¡Hola!". Y unas 100 A., con rápidos pasos deliberados han caminado por este sendero de ladrillos, pero no han ido más allá. Además de eso, no tengo nada para leer. ¡¡Hurra!!

Creo que la "salvación" sería la *música*. Tener un violonchelo otra vez. Eso debo intentar...

20 de junio. El 20 de junio de 1918.

C'est de la misère.

Non, pas ça exactement. Il y a quelque chose... une profonde malaise me suive comme un ombre.

Oh, ¿por qué escribir mal francés? ¿Para qué escribir? 11.500 millas son demasiadas... demasiadas para mí. (Nueva Zelanda está a esa distancia de Inglaterra).

21 de junio. ¿Qué ocurre con el día de hoy? Es delgado, blanco, así como las cortinas de encaje son blancas, lleno de desagradables ruidos, por ejemplo, gente que abre los cajones de un barato armario y trata de cerrarlos luego. Toda la comida parece insípida e indigerible, ninguna bebida está lo bastante caliente. Una se ve espantosa, espantosa en el espejo... calva como un huevo... se siente hinchada... todas las prendas resultan ajustadas. Y todo está polvoriento, arenoso... la ceniza del cigarrillo se derrumba y cae... las caléndulas derraman sus pétalos sobre la mesa de tocador. En una casa cercana alguien está tratando de afinar un piano muy barato.

Si yo tuviera una "casa" y pudiera correr las cortinas, cerrar la puerta, quemar algo dulce, caminar por mi propio cuarto perfecto, silenciosamente, observando las luces y las sombras... sería *tolerable*... pero vivir como lo hago en una casa pública, resulta *très difficile*.

Unas pocas de sus enormidades.

1. Decidí *faire les ongles de mes pieds avant mon petit déjeuner*... y no lo hice, por pereza.

2. El café no estaba caliente; el tocino salado, y la fuente demostraba que se lo había frito en una sartén sucia.

3. No se me ocurrió nada que decirle a la señora Honey, que parecía silenciosa y distraída, ardiendo con un pabilo muy débil...

4. La carta de J. contándome todas sus inmensas dificultades, todas las cosas imposibles que *debe* hacer antes de que pueda iniciar sus vacaciones, me dejó indiferente. Tenía un tono algo *insípido* y me sentí como si la hubiese leído con desinterés.
5. Un vago dolor de estómago en el baño.
6. Nada para leer y demasiado lluvioso para salir.
7. Vino A. y no me llamó. Sentí que ella estaba un poco harta de nuestra amistad por el momento...
8. Un almuerzo muy malo. Una pequeña y dura croqueta que no servía y unas uvas muy acuosas. Desprecio terriblemente la cocina inglesa.
9. Salí a dar un paseo y me vi en medio del viento y la lluvia. Tuve mucho frío y me sentí muy desdichada.
10. El té no estaba caliente. No quería comer el bollo, pero lo comí. *Fumé demasiado*.

Hoteles

Parece ser que paso la mitad de mi vida llegando a extraños hoteles. Y preguntando si puedo irme a la cama inmediatamente.

"¿Y tendría inconveniente en llenar mi botella de agua caliente?... Gracias, es una delicia. No, no necesitaré nada más".

Las puertas extrañas se cierran sobre la extraña y luego me deslizo entre las sábanas. Esperando que las sombras surjan de los rincones y tejan su lenta, lenta telaraña sobre "el más feo de todos los empapelados".

Tuberculosis pulmonar

El hombre que está en el cuarto de al lado sufre de lo mismo que yo. Cuando me despierto en la noche lo oigo darse vuelta. Y luego tose, y tose. Y después de un silencio, yo toso. Y él vuelve a toser. Eso continúa por un largo rato. Hasta que siento que somos como dos gallos que se llaman mutuamente en un falso amanecer. Desde fincas lejanas y ocultas.

Jour maigre

Los miércoles por la mañana viene la señora Honey como de costumbre a mi cuarto y levanta las persianas y abre las grandes puertas vidrieras. Deja entrar la luz danzarina y el silbido del mar y el crujido de las embarcaciones ancladas en los fondeaderos y el ruido de la cortadora de césped y el olor del pasto cortado y las lilas y el descarado canto de aquel mirlo.

Luego se acerca a la cama y me observa, una mano apoyada en el costado y su viejo rostro arrugado como si ella tuviera noticias que no sabe cómo dar con suavidad.

"Es un día feo", dice.

Picnic

Cuando las dos mujeres de blanco llegaron a la playa solitaria, *ella* hizo a un lado su caja de pinturas y *ella* hizo a un lado su cuaderno de notas. Se sentaron en la arena. La marea estaba baja. Ante ellas, las rocas cubiertas de algas parecían un hato de lanudas bestias amontonadas ante la charca para beber que se han quedado ahí en una especie de sopor.

Luego *ella* se alejó y metió sus piernas en un pozo mientras pensaba en el color de la carne bajo el agua. Y *ella* se arrastró hasta una cueva oscura y se quedó ahí sentada pensando en su infancia. Luego volvieron a la playa y se tendieron sobre el estómago, ocultando la cabeza entre los brazos. Parecían dos cisnes.

Adultez

Las 4 en punto. ¿Está claro ahora a las 4? Salto de la cama y corro hacia la ventana. Está iluminado a medias, ni negro ni azul. El ala de la costa es violeta; en el cielo lila hay oscuras banderas y pequeños botes negros tripulados por sombras negras que se destacan sobre el agua purpúrea.

¡Oh! ¡Cuántas veces observé esta hora cuando era una niña! Pero entonces... me quedaba en la ventana hasta que sentía frío, hasta que me congelaba, emocionada por algo, no sabía qué. Ahora vuelo de nuevo hacia la cama, me cubro bien con las cobijas, que sujeto alrededor de mi cuello. Y de repente mis pies encuentran la botella de agua caliente. ¡Dios! Está bellamente tibia. Eso es de verdad emocionante.

Dame seule

Ella es pequeña y gris, con una banda de terciopelo negro alrededor de sus cabellos, dentadura postiza y manitos flacas que salen de entre volados.

Cuando una mañana pasé frente a su cuarto vi su "trabajado" bolso para el peine y el cepillo y su libro de oraciones.

También, cuando va al baño, por alguna oscura razón luce un pequeño chal...

Sentada a la mesa, con una sonrisa brillante, comenta: "Ésta es la primera vez que viajo sola o que me quedo sola en un hotel extraño. Pero a mi esposo no le molesta. Porque es muy tranquilo. Claro, si fuese un lugar alegre...". Cuando ella lleva el mentón hacia atrás, la sarta de cuentas se eleva y cae sobre su esfumado pecho.

Recuerdo

Siempre, cundo veo dedaleras, pienso en los L.

Otra vez paso frente a su casita y en la ventana –entre las cortinas de narcisos con manchas verdes– están los pimpollos grandes y suntuosos.

"¡Y qué hermosos se los ve contra el encalado!", exclaman los L.

Como es su costumbre, cuando les gusta algo, hacen una especie de fiesta. Con dedaleras en todas partes. Y luego se sientan en el medio, como benditos prisioneros, y comen en un campamento de indios guerreros.

Fresas y un buque que navega

Nos sentamos sobre un acantilado desde donde dominábamos el mar abierto. Teníamos la espalda vuelta hacia el pueblito. Contábamos con una canasta de fresas cada una. Acabábamos de comprárselas a una mujer oscura de ojos rápidos, ojos de buscar fresas.

"Las acabamos de recoger", comentó, "de nuestra huerta".

Tenía las puntas de los dedos manchados de rojo brillante. ¡Pero qué fresas! ¡Cada una era la mejor, la fresa perfecta, la fresa absoluta, la fruta de nuestra infancia! El mismo aire llegaba sobre alas de fresas. Y muy abajo, en los pozos, había niños que se bañaban con rostro de fresa...

Sobre el agua azul y oscilante se acercaba un buque de vela de tres mástiles, con nueve, diez, once velas. ¡Magníficamente hermoso! Se acercaba como si cada vela estuviera tomando su porción de sol y de luz.

"¡Oh, cómo me gustaría estar a bordo!", dijo Anne.

(El capitán estaba abajo pero la tripulación se veía por todas partes, ociosa y hermosa. "¡Sírvanse fresas!", dijimos, corriendo y resbalando por las cubiertas que se balanceaban, sacudiendo las canastas. Ellos las comían en una especie de sueño...)

El buque continuó su marcha. Dejándonos una especie de sueño, también. Con las canastas vacías...

[A comienzos de julio, K.M. volvió a Redcliffe Road. A fines de ese mes nos cambiamos a N° 2 Portland Villas, East Heath Road, Hampstead].

5 de julio. (47 Redcliff Road). Hoy, esta tarde, una vez que vuelva a casa (porque debo salir a comprar unas frutas) *commence encore une vie nouvelle*. Date vuelta y verás que buena me vuelvo... una niña diferente.

Más tarde. He leído –le he dado curso a la lectura– dos libros de Octave Mirbeau, y después de ellos veo terrible y finalmente (1) que los franceses son unos asquerosos, (2) que su corrupción es tan *puante*... No volveré a acercarme a ellos. No, los ingleses no pueden descender a eso. Ellos no son humanos; son, en el buen idioma inglés, *monos*.

Debo empezar a escribir de nuevo. Ellos me hacen decidir. Algo se debe hacer contra eso.

¡Ah, Chéjov! ¿Por qué estás muerto? ¿Por qué no puedo conversar contigo, en una gran sala un tanto oscura, al final de la tarde, cuando la luz es verde por los árboles de afuera que se sacuden? Me gustaría escribir una serie de *cielos*: ése sería uno.

No debo olvidar mi *timidez* ante las puertas cerradas. Mi debate acerca de si debo llamar muy fuerte o no tan fuerte... Es profundo, profundo, profundo: en realidad, es la "explicación" del fracaso de K.M. como escritora hasta el presente, y ¡oh, qué buen *Anfang zu einer Geschichte*!

La eterna pregunta

Me planteo, una vez más, mi eterna pregunta. ¿Qué es lo que hace tan difícil para mí el momento de la realización? Si ahora debiera sentarme y escribir, sin más, algunas de las historias... todas escritas, ya listas, en mi mente, me llevaría días. Son tantas. Me siento y las *pienso*, y si supero mi lasitud y tomo la pluma, deberían escribirse solas (están completas). Pero es la actividad. No tengo ningún lugar para escribir, la silla no es cómoda... sin embargo, aunque me queje, *éste* parece ser el lugar y *ésta* la silla. ¿Y no deseo escribirlas? ¡Señor! ¡Señor! Es mi único deseo, mi *cuestión feliz*. Y sólo ayer estaba pensando: incluso mi estado actual de salud es una gran ventaja. Hace que las cosas sean tan ricas, tan importantes, tan deseadas... cambia el enfoque.

...Cuando una es pequeña y está enferma y alejada en un dormitorio remoto, todo lo que ocurre *más allá* es maravilloso... Ahora, yo estoy siempre en ese dormitorio remoto. ¿Es por eso que me parece ver, esta vez en Londres, sólo lo que es maravilloso, maravilloso e increíblemente hermoso?

La corriente es completa en Redcliffe Road. Una por una se han abierto las puertas, se han cerrado con un golpe. Ahora, a su ciega manera, las casas están alimentadas. Ese pobre violincito continúa, arrancando nota tras nota... hay una extraña y refulgente nube blanca sobre las casas y un charco de azul.

Primavera vespertina

"Todas mis virtudes... toda mi rica naturaleza... perdidas", dijo ella, "cubiertas, enredadas, olvidadas, desertadas como un antiguo jardín". Ella sonrió, se acomodó el sombrero y cerró su abrigo como si estuviese por desaparecer dentro de él. "Un oscuro lugar" dijo, incorporándose vacilante. Luego volvió a sonreír. "Tal vez sólo quede mi... mi... curiosidad acerca de mí misma. Primavera vespertina...". Entrecerró los ojos y se inclinó hacia adelante, como si la planta hubiese aparecido a sus pies. "Siempre odié las primaveras vespertinas. El nombre *suena* a cosa encantadora, pero cuando ves esas flores herbosas y viles sobre la tumba sin una lápida... de mala muerte... No intento ningún simbolismo con eso", dijo. "¡Dios no lo permita!" y se marchó.

Redcliffe Road

Maisie, el estudiante, sus inquilinos, ella lo arriesga todo.

La hojita que entra con el viento, su recuerdo del parque y el cocodrilo, luego debe estar su gato que se llame *Millie*. *Tómate del brazo, querida niña*, y el dolor tan grande que casi la hace sollozar. Pero nada ocurre...

>No, aunque mi corazón se quebrara,
>No te ataría.

La señorita Ruddick, que siempre toca con su música apoyada en el colgador de toalla, y que toda vez que saca el pañuelo también hace salir un resto de resina pegado a una franela.

Estas noches de verano, el sonido de los pasos por la calle es muy diferente. El golpeteo es suave y tranquilo, como si perteneciera a gente que volviera a su hogar en calma después de un desfile o un picnic o un día en el mar.

El cielo es pálido y claro: el tonto piano es sojuzgado y emite vacilante viejos valses giratorios, ebrios de sentimiento, atiborrados de recuerdos.

Esta es la hora en que aparece el pobre perro desnutrido corriendo, olfateando la cuneta. Es tan delgado que su cuerpo es como una caja sobre cuatro clavijas de madera. El magro triángulo de su cabeza está agachado, tiene extendida la cola larga y recta, y él va de acá para allá, de acá para allá, silencioso, ansioso y atemorizado. La calle lo vigila desde sus balcones cubiertos de hiedra, desde sus ventanas abiertas, pero la señora gorda del piso bajo que no es mejor de lo que debería ser sale, baja los peldaños hasta la puerta, con un hueso. La cola del perro, mientras espera que ella se lo dé, golpea contra el poste de la puerta, como el cabo de una escoba, y la calle dice que la mujer es una tonta porque alimenta a perros extraños. Ahora nunca se podrá librar de él.

(Lo que quiero decir es que en esta hora, con esta media luz y los pianos y las casas abiertas que suenan a vacío, él es el espíritu de la calle, corriendo hacia un lado y el otro, pobre perro, cuando hace años que debieron haberlo eliminado).

La mitad de la nota

Cada vez que tengo una conversación sobre arte que es más o menos interesante, empiezo a desear de todo corazón poder destruir todo lo que he escrito y empezar de nuevo: todo impresiona como tantos "falsos comienzos". Musicalmente hablando, no es –no ha sido– en la mitad de la nota... ¿saben qué quiero decir? Cuando, quizás en una fría mañana, uno ha estado tocando y todo ha sonado perfectamente... hasta que de repente, uno *comprende* que se ha calentado, y sólo entonces se ha empezado a tocar. ¡Oh, qué mal expresado! ¡Qué confuso!

Ahora el día era estupendo; la luz del sol, suave y cálida, caía sobre sus brazos y pechos como un terciopelo; pequeñas nubes, plateadas, brillaban sobre el fulgurante azul; los árboles del jardín estaban llenos de luz dorada y de las casas llegaba un extraño brillo, de las ventanas abiertas con sus cortinas y macetas... los escalones blancos y las barandas de delgadas espigas.

Inconsecuencia

"¿Lucía M. una bata gris con un cordoncillo rojo oscuro?", preguntó ella.

"No, él estaba vestido".

"¡Oh! Entonces supongo que estaría *muy* vestido; siempre lo está".

Eso la hizo pensar, de repente, en otro amigo de él, un hombre joven y grueso que usaba anteojos y era sumamente serio, con una clase especial de gordura que, ella había notado, armonizaba con esa clase de seriedad. Ella lo veía a él de pie junto a un lavabo secándose el cuello, y veía que el cabello le llegaba a la tirilla de la camisa. El cabello se veía, como de costumbre, demasiado largo.

"¡Qué horrible debe quedar S. sin cuello!".

"¿Sin cuello?". Él la miró y casi jadeó.

"Sí, en camisa y pantalones".

"¡En camisa y pantalones!", exclamó él. "Nunca lo he visto en...".

"No... pero... Oh, bien...".

Él le clavó la mirada.

"¡Qué extraordinariamente inconsecuente eres!".

Y en un instante ella se estaba riendo.

"Bien", dijo, "los hombres son...".

Ella miró por la ventana el alto álamo, con sus hojas susurrantes, con su hermosa copa, dorada con la última luz del sol.

Sobre la pared de la cocina había una sombra, en forma de una pequeña máscara con dos hendeduras doradas por ojos. Danzaban hacia arriba y abajo.

2 de agosto. 2 Portland Villas, Hampstead. El corazón de ella no ha hablado... Cuando lo hace... demasiado tarde... el dolor de ello. Debí haberme sentido así, a menudo, a menudo.

20 de setiembre. Mis ataques de ira son realmente espantosos. Tuve uno esta mañana (domingo) y arranqué una hoja del libro que estaba leyendo; perdí la cabeza por completo. Muy significativo. Cuando se terminó apareció J. y me miró. "¿Qué ocurre? ¿Qué has hecho? ¿Por qué? Se te ve toda arrebatada". Corrió las cortinas y dijo que se trataba de un efecto de la luz, pero cuando vine a mi estudio a vestirme vi que no era tal. Tenía un oscuro color terroso, *con los ojos empequeñecidos.* Esos ataques son L. y F. de nuevo. Soy más como L. que cualquiera. Somos *impensablemente* iguales, en realidad.

Es un día oscuro, repugnante. El fuego hace ruido y desde abajo llega el sonido familiar de alguien que llena cubos. Estoy muy dura, muy desacostumbrada a escribir ahora, y sin embargo, mientras estoy acá sentada, es como si mi querido, mi ÚNICO, viniera a sentarse frente a mí y me mirara desde el otro lado de la mesa. Pienso de pronto en los versos que me parecían tan notablemente buenos en mi infancia.

>Otros me dejan, todas las cosas me dejan,
>   Tú permaneces.

Mi cuarto tiene realmente para mí un toque de duende. ¿Hay algo mejor que mi cuarto? ¿Algo afuera? El gatito dice que no... pero es tal campo de caza para el gatito. El sol proyecta la forma de la ventana sobre la alfombra y en esos cuatro campos cuadrados pequeños deambulan las tontas moscas, tan espiadas por el leoncito desde debajo del volado del somier.

Oh Dios, oh Dios, ¿dónde está mi gente? ¿Con quién he sido más feliz? Con nadie en particular. Todo ha sido sentimientos exagerados y sentimentalismo exagerado.

Más tarde. Aquel gatito se enfermó, fue matado, vivió dos semanas en gran tortura, luego durante dos días perdió la voluntad de vivir. Se convirtió en una bolita de piel con dos grandes ojos asustados: "¿Por qué me ha pasado esto a mí?". De modo que el veterinario lo mató. Tenía problemas gástricos, constipación aguda con panza distendida y llagas gangrenosas en las dos orejas. Los dos días antes de morir sufrió acá. Le compré una pelota y trató de jugar un poco... ¡pero no! Ni siquiera podía lavarse. Se acercaba a mí, se apoyaba en sus patas traseras, abría las pequeñas mandíbulas y *trataba* de maullar. Pero no emitía ningún sonido; nunca vi nada tan conmovedor.

30 de setiembre. Espero que esta lapicera funcione. Sí.

El último día de setiembre... *inmensamente frío*, una especie de frío sólido del otro lado de las ventanas. Mi fuego me ha traicionado casi todo el día y he estado sintiendo, en el buen estilo antiguo, que la piel se me *erizaba*.

No leas esto. ¿Oyes el silbido de aquel tren y ahora las hojas, las hojas secas, y ahora el fuego, que flamea y se quiebra?

¿Por qué no trae ella las lámparas?

21 de octubre. L. M. va a ir a la ciudad. Debo retirar parte de mi querido dinero del banco y dárselo a ella. Estoy en la cama; me siento muy enferma. Rara en general, un poco descompuesta. Es un día pálido, silencioso: me gustaría estar caminando por un bosque, lejos.

La *salud* me parece ahora más remota que todo lo demás... inalcanzable. Mejor quedarme en la cama y ser horrible desde allí. El cielo en ondas de azul y crema y gris es como el cielo que pende sobre un mar calmo y muerto, cuando se oye a alguien que rema lejos, muy lejos; y luego las voces en el bote y el rechinar de la cadena y el ladrido del perro del bote, todo sonando muy fuerte. Como de costumbre, en la casa hay olor a cebollas y hueso de chuletas.

¿Qué quiero que ella me compre? Cuando esto se convierte en asunto urgente, no deseo *nada*, es desperdiciar el dinero. Me siento como Mlle. Seguin, que no deseaba colgar los cuadros en su nuevo piso porque *La vida es tal soplo, pequeña Dolly.*

Octubre, Hampstead. Debería escribir algo breve para The Nation hoy y ganar un poco más de dinero, un "Pequeño almuerzo en el club" o algo por el estilo. No es difícil; en realidad, para mí es muy fácil porque si me equivoco más de un lado que del otro... soy desbordante.

Esta vista desde la ventana es simplemente soberbia, el cielo pálido y los árboles casi desnudos. Es tan hermosa que podría ser el campo, campo *ruso* como yo lo veo.

Hasta el día de hoy nunca relacioné *sang froid* con sangre fría.

24 de octubre. Éste es simplemente el más *Divino Lugar*. Tan remoto, tan pacífico; lleno de color, lleno de otoño; el ocaso es real y también es real el ruido que hace alguien al partir trozos de leña. Si sólo pudiera vivir aquí por un tiempo realmente largo y no tener que ver a nadie... Esto podría muy bien ser Francia, se parece más a Francia que a Inglaterra.

> El lugar, remoto, los trajes y los chales antiguos;
> ¡el año fructífero! Su charla y sus risas alegres.

El Club de Mujeres en época de guerra

Damas al Centro: un vestíbulo redondo, muy oscuro, iluminado desde arriba. Una sonora puerta de cristal, renuente, que no puede soportar que la gente intente entrar o salir. A un lado de la puerta está la cueva del portero, punteada por casilleros, y un escritorio provisto de teléfono y por lo general una gran taza de té de porcelana manchada de té, coronada por su plato. Frente al escritorio una silla giratoria crujiente con un asiento roto de falso cuero.

Buenas noches

Y una vez más se abrió la puerta y ella pasó, por así decirlo, a otro mundo, el mundo de la noche, frío, sin tiempo, inescrutable.

Una vez más ella vio la hermosa caída de los escalones, el oscuro jardín bordeado de una hiedra que se agitaba –del otro lado de la calle los grandes sauces desnudos– y por encima de todo el cielo grande y brillante de estrellas.

Una vez más llegó ese silencio que era una pregunta, pero esta vez ella no dudó. Avanzó, muy suave y cuidadosamente, como si temiera provocar un susurro en ese infinito lago de quietud. Puso un brazo alrededor de su amiga. La amiga está sorprendida... murmura "Ha sido tan agradable". La otra: "Buenas noches, *querida amiga*". Un largo y tierno abrazo. Sí, eso era... por supuesto, eso era lo que faltaba.

El golpe

"Yo" –como un golpe en el corazón de ella– "he venido... por...".

Ella se apoyó en la puerta, muy débil.

"¿Sí?", preguntó.

"Esto...". Rápidamente, con fuerza, él la estrechó entre sus brazos.

La mosca

31 de diciembre. 4.45 de la tarde. ¡Oh, las veces que ella había caminado invertida por el techo, corrido por los cristales brillantes, flotado en un lago de luz, relampagueado a través de un haz deslumbrante!

Y Dios miró a la mosca caída dentro de la jarra de leche y vio que era buena. Y el querubín y el serafín más pequeños de todos, que se deleitaban con el infortunio, tañeron sus arpas de plata y gritaron: "¡Cómo está caída la mosca!".

1919

1° de enero. J. vino a la cama diez minutos antes de las 12. Dijo: "No te duermas antes del Año Nuevo". Me quedé tendida sosteniendo mi reloj. Creo que me dormí por un momento. La ventana estaba completamente abierta y miré sobre un hueco grande y suave, con un rocío de luces en el centro. Luego sonó la hora: tañeron las campanas, se oyeron bocinas, sirenas, cornetas, trompetas. Resonó el órgano de la iglesia (recordándome a Hans Andersen) y se oyó el grito típico de los colonos australianos (tuve deseos de replicar). Deseaba que L. M. oyera y viera. La llamé en voz alta muchas veces, pero ella había "preferido" tomar un baño...

19 de mayo, 6 de la tarde. Desearía tener alguna idea de la antigüedad que tiene este libro de notas. La escritura es muy débil y muy lejana. Ahora estamos en mayo de 1919. Son las 6 de la tarde. Estoy sentada en mi cuarto pensando en mamá: deseo llorar. Pero mis pensamientos son hermosos y están llenos de alegría. Pienso en *nuestra* casa, en *nuestro* jardín, en *nosotros* los niños... el césped, el portón y mamá que entraba: "¡Hijos! ¡Hijos!". Realmente pido tiempo para escribir todo eso... tiempo para escribir mis libros. Entonces no me importará morir. Vivo para escribir. El mundo encantador (¡Dios, qué encantador es el mundo exterior!) está allí y yo me sumerjo en él y me siento refrescada. Pero tengo la sensación de tener una OBLIGACIÓN, alguien me ha impuesto un deber que debo terminar. Déjeme terminarlo: déjeme terminarlo sin prisa... para que todo quede tan prolijo como sea posible...

Mi pequeña mamá, mi estrella, mi coraje, *mi* madre. Me parece vivir en ella ahora. Vivimos en el *mismo mundo*. Ni del todo este mundo ni del todo otro. No me interesa la gente, y la idea de la fama, de lograr un éxito... eso no es nada, menos que nada. Quiero mucho a mi familia y a unos pocos otros, y amo al estilo antiguo mucho, mucho, a mi marido.

Ni un alma sabe dónde está ella. Ella va lentamente, repensándolo todo, preguntándose cómo puede expresarlo *según lo desea*, pidiendo tiempo y paz.

Huida

Ella estaba segura de que yo sentiría frío y, como de costumbre, trató de hacer de mi partida *une petite affaire sérieuse*. Yo siempre trato de escabullirme. Me gustaría descolgarme por una ventana, o simplemente retirarme como un rayo de luz.

"¿Estás segura de que no quieres tu capa..., etcétera, etcétera, etcétera?".

Su actitud me dio mucha seguridad. Salí. En la esquina me atacó el viento alegre, ansioso y rápido. Fue demasiado para mí. Seguí por uno o dos metros, temblando. Luego vine a casa. Inserté la llave en la cerradura como un ladrón, cerré la puerta en total silencio. Ella subió las escaleras y me siguió arriba.

"¡De modo que *hacía* mucho frío, después de todo!".

No pude responder y tampoco mirarla. Debí dar vuelta la espalda y quitarme los guantes. Ella dijo:

"Tengo aquí un modelo de blusa que quiero mostrarte".

En ese momento me arrastré hacia arriba, vine a mi cuarto y cerré la puerta. Fue un milagro que ella no me siguiera...

¿Qué hay en todo esto que me hace odiarla tanto? ¿Qué ves tú? Ella me ha visto docenas de veces tratar de entrar y salir sin que nadie se enterara... eso es verdad. Incluso he desagarrado mi corazón y le he dicho cuánto hiere mis íntimas defensas que se me cuestione... cómo por el momento me hace sentir un ser independiente que se me permita ir y venir sin preguntas. Pero eso no es más que "las rarezas de Katie. Ella no lo dice en serio, por supuesto...".

Apenas si hablamos durante el almuerzo. Cuando terminamos, volvió a preguntarme si podía mostrarme el modelo. Me sentía tan mal, me parecía que hasta una gallina podría ver con una mirada de costado de su lerdo ojito qué mal me sentía. No recuerdo qué dije. Pero ella vino y puso algo delante de mí... algo. Realmente, ni sé qué era. "Que la pequeña modista te ayude", le dije. Pero no había nada que decir.

Ella murmuró: "Chiffon morado en el cuello y las mangas". No sé. Finalmente le pedí que se lo llevara.

"¿Qué *ocurre*, Katie? ¿Estoy interrumpiendo tu trabajo?".

"Sí, diremos que es eso".

Estar a solas

Sábado: Esta alegría de estar sola. ¿Qué es? Me siento tan alegre y en paz... toda la casa toma aire. El almuerzo está preparado. Tengo huevo cocido, damascos y crema, un poco de queso y café puro. ¡Qué delicioso! ¡La comida de un bebé! Mamá la comparte conmigo. Athenæum está dormido y luego despierto sobre el sofá del estudio. Recibe crema en una cuchara de plata y luego se oculta bajo el volado del sofá y asoma una mano que llega a mi dedo. Retiro las hojas secas de la planta que está en el gran cuenco blanco, y como *debo* jugar con algo, llevo una naranja a mi cuarto y la lanzo y la atajo mientras camino de un lado al otro...

[*Esa nota aparece reescrita más tarde de la siguiente manera*].

Sábado. Pacífico y alegre. Toda la casa toma aire. Athenæum está dormido y luego despierto sobre el sofá del estudio. Recibe una cucharada de mi crema al mediodía, luego se oculta bajo el volado del sofá y juega a "la mano que asoma". Recojo las hojas secas de la planta que está en el gran cuenco blanco; están empolvadas de plata. No hay nadie en la casa, y sin embargo, ¿de quién es ese débil murmullo? En las escaleras hay puntitos de oro... pequeñas huellas...

Geranios

Los geranios rojos han traído el jardín a mi cabeza. Están allí, establecidos, de nuevo en el antiguo hogar, cada hoja y cada flor desempacadas y en su lugar, muy decididas a que ninguna potencia de la tierra vuelva a moverlas. Bien, *eso* no me importa. ¿Pero por qué deberían hacerme sentir una extraña? ¿Por qué deberían preguntarme, cada vez que me acerco: "¿Y qué estás haciendo en un jardín londinense?". Arden de arrogancia y orgullo. Y yo soy la pequeña colona que camina por el pequeño jardín de Londres, a la que se le permite mirar, tal vez, pero no permanecer. Si me tiendo sobre el césped, ellas sin duda me gritan: "Mírenla, tendida sobre *nuestro* césped, simulando que vive acá, simulando que éste es su jardín, y que aquella parte posterior de la casa, con las ventanas abiertas y las cortinas de colores en movimiento, es su casa. Ella es una extraña... una ajena. No es más que una niñita sentada sobre las colinas de Tinakori que sueña: 'Fui a Londres y me casé con un inglés, y vivimos en una casa seria y alta con geranios rojos y margaritas blancas en el jardín del fondo'. ¡Descaro!".

[Esta nota aparece reescrita luego de la siguiente manera].

Los geranios rojos han traído el jardín a mi cabeza y han tomado posesión. Están asentados, cada hoja y cada flor desempacada y en su lugar, ¡y no piensan volver a moverse! Bien, eso podría soportarlo. Pero si los he recibido, ¿por qué deberían echarme? Ni siquiera me dejan tenderme sobre el césped sin gritar: "¡Descaro!".

Un sueño

A veces levanto la mirada hacia el reloj. Entonces sé que estoy esperando a Chummie. Suena la campanilla. Corro hacia el descanso. Oigo que arroja el sombrero y el bastón sobre la mesa del vestíbulo. Sube corriendo las escaleras de a tres peldaños por vez. "¡Hola, querida!". Pero no puedo moverme... no puedo moverme.

Me rodea con sus brazos y me estrecha con fuerza, y nos besamos, un largo y firme beso familiar. Y el beso significa: somos de la misma sangre; nos tenemos absoluta confianza mutua; nos queremos; todo está bien; nada puede ocurrir nunca entre nosotros.

Vamos a mi cuarto. Él se acerca al espejo. "Caramba, tengo calor". Sí, está muy acalorado. En sus mejillas asoma un intenso color infantil, sus ojos están brillantes, sus labios arden, se quita el pelo de la frente con la palma de la mano. Corro las cortinas y el cuarto queda oscurecido. Él se arroja sobre el somier y enciende un cigarrillo; observa el humo que se eleva lentamente.

"¿Está mejor así?", pregunto.

"Perfecto, querida... simplemente perfecto". La luz me recuerda...

Y luego el sueño termina y otra vez comienzo a trabajar.

Inglaterra

Los dos hermanos estaban en un lado del cuarto, yo en el otro. R. estaba sentado en el piso, inclinado hacia J., que estaba tendido sobre un sillón, muy cómodamente.

"Si pudieras hacer tu deseo, ¿dónde estarías?".

Él primero pensó en un café de alguna ciudad extranjera... en España... no, quizás en Grenoble... sentado ahí escuchando música y observando a la gente. Estamos pasando por ahí... Hay un lago y un río cerca... Pero no. Una finca en Sussex, unos muebles viejos y buenos, dando vueltas por el jardín, quizá cortando el césped, sí, cortando el césped. Un niño, dos buenos sirvientes. Luego, cuando oscureciera, entrar, tomar un poco de leche; después me voy a mi estudio y tú al tuyo y trabajamos por casi una hora y media y luego nos vamos a la cama. Creo que mi talento como escritor no es grande... Tendré que tener cuidado con eso. ...Sí, eso es lo que me gustaría. Ningún lugar nuevo... ninguna cosa nueva. No los *deseo*. ¿Te gustaría eso?

Sentí que su hermano estaba con él, el hermano inclinado hacia él, que entendía y compartía esa vida... la finca en el sur de Inglaterra, su campo inglés... la sobria quietud...

"¿Te gustaría a ti eso?".

No, no quiero eso. No, no me gusta Inglaterra. Inglaterra no me sirve. ¿Qué quiero decir con esto? Quiero decir que nunca ha habido, nunca habrá, ningún acercamiento entre nosotros, nunca... Su falta de *atractivo*, eso es principalmente lo que detesto. No me importaría si no volviera a ver nunca más el campo inglés. Incluso cuando florece me siento profundamente hostil a él, y nunca cambiaré.

Un buen comienzo

30 de mayo. Primero viene L. M. y le doy órdenes. Le pido que supervise a la mucama hasta el lunes. "Sé amable con ella; ayúdala a hacer las camas; sólo dile cómo se debe hacer cada cosa". Luego esbozo en detalle el programa de la mucama. "Envía a Ralph, por favor". Llega Ralph. Arreglo la comida. Luego ordeno todo lo que se debe hacer, forzando a Ralph, poniendo su mente en orden si puedo, haciéndole ver el lado brillante de las cosas, despidiéndola (espero) con la sensación de que es importante y feliz.

Subo a ver a Maud, a decirle buen día, esperando que "esté contenta". "Tome las cosas con calma; entiendo perfectamente que no puede aprender nuestras costumbres de inmediato. Pídale a la señorita B. y a la cocinera lo que necesite. Pero si desea verme, no lo dude y venga. Me gustó tanto que llegara temprano". Ella se sintió tranquilizada. Sus ojos brillaron (es sólo una muchachita). Dijo que esto era como el campo. Mientras caminaba desde el tranvía, los pájaros cantaban "algo hermoso". Eso en lugar de la "subida en cuesta arriba" era agradable. La dejé contenta. Sé que lo logré.

Bajé sólo para decirle buen día a la señora Moody y avisarle que había unas flores para que se llevara a su casa. La buena criatura estaba de rodillas lustrando y diciendo que era un día muy lindo. ¡Benditos sean sus 60 años! Dijimos un par de bromas y me retiré.

L. M. otra vez... sólo por un momento para decir: "Como tienes una máquina, no hagas las costuras a mano como veo que haces. ¡Guarda tus energías para algo *importante*!

Luego me siento a trabajar y llega una vibración firme y agradable de la nave.

¡Si al menos siempre pudiera controlar a estas cuatro mujeres así! Debo aprender a hacerlo.

31 de mayo. Trabajo. ¿Seré capaz un día de expresar mi amor por mi trabajo, mi deseo de ser una mejor escritora, mi anhelo de hacer mayores esfuerzos? Y la pasión que siento. Toma el lugar de la religión, *es* mi religión; de la gente, yo creo mi gente; de la "vida", *es* la Vida. La tentación es la de arrodillarme, adorar, postrarme, estar demasiado tiempo en un estado de éxtasis ante la *idea* de mi obra. Debo ser más activa con mi trabajo.

¡Oh, Dios! El cielo está lleno de sol y el sol es como música. El cielo está lleno de música. La música se derrama por esos grandes rayos. El viento toca los árboles que son como arpas, sacude pequeños chorros de música, pequeñas sacudidas, pequeños trinos de las flores. La forma de cada flor es como un sonido. Mis manos se abren como cinco pétalos. ¡Loas a Él! ¡Loas a Él! No, estoy abrumada, estoy confundida, es demasiado para soportar.

Una pequeña mosca ha caído por error en la amplia y dulce copa de una magnolia. Isaías (¿o era Eliseo?) una vez quedó atrapado en el Cielo en una carroza de fuego. Pero cuando el tiempo es muy bueno y estoy libre para trabajar, ese viaje es positivamente nada.

El ángel de piedad

Mayo. El día que la mucama debió retirarse porque su esposo "no quería que trabajara más" y, para consolidar su autoridad, la había golpeado con tanta fuerza en el cuello que la mujer mostraba un hinchado cardenal bajo la oreja, la cocinera se convirtió en una especie de ser infalible, un ángel de piedad. Nada era demasiado para ella. Las escaleras eran rayos de luz por los que subía flotando. Lucía el gorro de manera diferente: le daba el aire de una enfermera de hospital. Cambió su voz. Sugirió budines como si se tratase de compresas; merluzas, porque eran tan "delicadas e inofensivas". ¡Confíe en mí! ¡Apóyese en mí! ¡No hay nada que yo no pueda hacer!: esa parecía ser su actitud. Cada vez que ella me dejaba, lo hacía por sus misteriosas razones: para esforzar el cuerpo una y otra vez, para cambiar la mano endurecida, para correr el volado de papel sobre la ominosa mancha que aparecía.

La cocinera

La cocinera es el mal. Después del almuerzo empecé a temblar de tal manera que debí recostarme sobre el somier... pensando en ella. Pensaba que cuando viniera a verme le diría *tanto* que ella tendría que irse. Esperé jugando con el gatito salvaje. Cuando vino se lo dije todo, y más, y *ella* dijo que cuánto lo lamentaba y estuvo de acuerdo y se disculpó y lo entendió muy bien. Se quedó en la puerta, tirando de una servilletita. "Bien, me cuidaré de que no ocurra en el futuro. Entiendo muy bien lo que me quiere decir".

De modo que la serpiente seguirá durmiendo entre nosotros. ¡Oh! ¿Por qué no se da vuelta y dice lo que piensa? ¡Esta farsa de que me quiere! Pienso que ella lo cree. Hay algo en lo que dice L. M.: ella no es conscientemente mala. Es una tonta, por supuesto. Yo tengo que dirigirlo y explicarlo todo. Yo tengo que cocinarlo todo antes de que ella lo cocine. Creo que piensa que es un tesoro... no, prefiere pensarlo. En el fondo sabe que es una depravada. Hay momentos en que eso sale a la superficie, aparece como una mancha en su rostro. Entonces sus ojos son como los de una prisionera, una criatura que levanta la mirada cuando uno entra en su celda y dice: "Si usted supiera qué vida tan dura he tenido, no se sorprendería de verme acá".

[Esto aparece otra vez en la forma siguiente].

La cocinera viene a verme

Cuando abrí la puerta la vi sentada en el medio del cuarto, encorvada, quieta... Se puso de pie, obediente, como un prisionero cuando se entra en su celda. Y sus ojos decían, como dicen los de un prisionero: "Sabiendo la vida que he tenido, soy el último en sorprenderme de hallarme acá".

La historia de la cocinera

Su primer marido era un prestamista. Aprendió el oficio de un tío de ella, con el que ella vivía, y era más como su hermano mayor que otra cosa desde la edad de 13 años. Después de casados, prosperaron. Él la trataba a ella como a una niña mimada, según decían. Las hermanas de él decían que él era un perfecto tonto con ella. Cuando sus hijos tenían 15 y 9 años, él les pidió a sus patrones que tomaran a un hombre, un gran amigo suyo, y los persuadió; él salió de garante por ese hombre. Cuando ella vio al hombre, sintió que la sangre se le congelaba. Le dijo al esposo: "Escucha lo que te digo, no has hecho nada bien; nada bueno saldrá de todo esto". Pero él se rió y no les dio importancia a esas palabras. Pasó el tiempo, el hombre resultó ser un villano. Cuando fueron a hacer un balance, descubrieron que no había mercadería: él la había vendido toda. Eso afectó la mente del esposo, lo mantenía despierto por las noches, podría decirse que se volvió loco mientras revisaba las cifras y se preocupaba. Una noche, sentado en su silla, muy tarde, *murió* por un coágulo de sangre en el cerebro.

Ella quedó sola. El hijo mayor tenía ya edad suficiente para arreglárselas por sí mismo, pero el hijo menor aún no era más que un bebé: era tan nervioso y delicado. Los médicos nunca le habían permitido ir a la escuela.

Un día su cuñado vino a verla y le aconsejó que vendiera la casa y se buscara trabajo. "Todo lo que te retiene es el pequeño Bert. Yo te aconsejaría que con tu abogado le asignes una suma de dinero y lo envíes... al campo". Dijo que él mismo lo llevaría. Hice lo que me aconsejó. Pero, ¡cosa extraña! Nunca tuve noticias directas del niño una vez que se hubo marchado. Yo preguntaba por qué no me escribía y me decían: cuando él sepa escribir una carta decente, la recibirás, no antes. Eso continuó por un año, y después descubrí que él me había estado escribiendo todo el tiempo, sufriendo porque lo hubieran alejado, y ellos nunca enviaban sus cartas. Luego, su tío escribió para decir que había que sacarlo de ahí. Había hecho las cosas más terribles, cosas para las que yo no podría encontrar un nombre... se había vuelto *cruel*... ¡era un pequeño criminal! Lo que decía el tío era que yo había estropeado al niño y que él lo iba a convertir en un hombre, y que lo había golpeado y lo había dejado sin comer, y cuando de noche se asustaba y gritaba, lo sacaba al Bosque Nuevo y lo hacía dormir bajo los árboles. Mi hijo mayor fue allá a verlo. "Mamá", me dijo al volver, "tú no lo reconocerías al pequeño Bert. No habla. No se acerca a nadie. Huye si lo tocas; es como un pequeño animal". ¡Y las cosas que había hecho! Bien, usted oyó hablar de niños que hacen esas cosas antes de que los pongan en orfanatos. Pero cuando me enteré de eso y pensé que era el mismo niñito al que su padre solía llevar a Regent Park bañado y vestido los domingos por la mañana... bueno, sentí que perdía mi religión.

Tuve que pasar muchos malos ratos cuando traté de ponerlo en un orfanato. Pedí durante tres meses antes de que lo aceptaran. Entonces lo enviaron a Bisley. Pero cuando fui a verlo allá, con sus ropas raras y todo... comprendí su miseria. Yo estaba en un buen lugar por entonces, era la cocinera de un carnicero importante de Kensington, pero los ojos del pobre niño... era como si me siguieran... y él parecía temblar cuando se le acercaba la gente.

Bien, una amiga mía tenía una casa de pensión en Kensington. Solía visitarla y un amigo de ella, un individuo grande y robusto, todo un caballero, un mecánico que trabajaba en un garaje, iba allá muy a menudo. Mi amiga solía bromear y decía que él estaba interesado en mí. Yo me reía, hasta que un día ella se mostró muy seria. Me dijo: "Eres una mujer muy tonta. Él gana bien; te daría una casa y podrías tener a tu hijito". Bien, él debía hablarme al día siguiente y yo decidí escucharlo. Bueno, él lo hizo y no pudo haber elegido palabras más bonitas. "No puedo darle una casa para empezar", afirmó, "pero tendrá tres buenos cuartos y al chico, y yo estoy ganando un buen sueldo que será más".

Una semana más tarde él vino y me dijo: "No puedo darte ningún dinero esta semana, tengo que pagar cosas de cuando era soltero. Pero supongo que tienes algo de dinero ahorrado". Y yo era tonta, usted sabe, no me pareció mal. "Oh, sí", le contesté, "me arreglaré". Bueno, así siguieron las cosas por tres semanas. Habíamos convenido no traer al pequeño Bert durante el primer mes porque dijo que quería tenerme para él solo, y lo quería tanto al muchachito. Era un individuo grandote, y solía abrazarme como un niño y llamarme mamá.

Cuando pasaron tres semanas, yo ya no tenía ni un penique. Había estado vendiendo mis joyas y mis mejores ropas para reunir dinero hasta que él pudiera ponerse al día. Pero una noche le dije: "¿Dónde está mi dinero?". Él se incorporó y me dio tal bofetón en la cara que pensé que me iba a estallar la cabeza. Y así empezó: cada vez que le pedía dinero, me pegaba. Como le dije, yo era muy religiosa por entonces, acostumbraba a llevar un crucifijo bajo las ropas y no podía irme a acostar sin arrodillarme junto a la cama y decir mis oraciones... no, ni siquiera la primera semana de mi matrimonio. Bien, fui a ver a un sacerdote, le conté todo y él me dijo: "Hija mía, lamento mucho lo que te pasa, pero con la ayuda de Dios, es tu deber hacer de él un hombre mejor. Dices que tu primer esposo era un hombre muy bueno. Bien, quizá Dios te ha reservado esta prueba hasta ahora. Fui a casa... y esa misma noche él me quitó y rompió el crucifijo y me golpeó en la cabeza cuando me arrodillé. Dijo que no podía soportar que yo rezara porque lo ponía mal. Por entonces yo tenía un perrito al que quería mucho, y él solía levantarlo y gritaba: 'Le voy a enseñar a decir sus oraciones' y le pegaba ante mi vista... hasta... bien, tal era el hombre".

Luego, una noche volvió a la casa más borracho que de costumbre y ensució la cama. No pude soportarlo. Empecé a llorar. Me dio un golpe en la oreja y me caí y me golpeé la cabeza contra una tabla. Cuando volví en mí, él se había marchado. Salí corriendo a la calle como estaba... corría todo lo que daban mis piernas, sin saber adónde iba, confundida, con los nervios destrozados. Y una señora me encontró y me llevó a su casa y allí me quedé tres semanas. Después de eso nunca volví. Ni siquiera se lo comenté a mi familia. Me busqué un trabajo y sólo cuando pasaron meses fui a ver a mi hermana. "¡Caramba", exclamó ella, "¡todos pensamos que te habían asesinado!". Y nunca volví a verlo a él desde entonces...

Esos fueron tiempos espantosos. Estaba tan enferma que apenas podía trabajar y, por supuesto, no podía sacar a mi hijito. Él había crecido ahí encerrado. Así que debí empezar todo de nuevo. No tenía nada de lo de él, nada de lo mío. Lo había perdido todo, salvo los papeles de mi matrimonio. No sé cómo me acordé de los papeles aquella noche cuando salí corriendo y los puse en mi cuerpo... instintivamente, podría decirse.

J. cava en el jardín como si estuviera exhumando un cuerpo odiado o haciendo una sepultura para un cuerpo amado.

La ardiente criatura pasaba más de la mitad de su tiempo en la iglesia, orando para que Dios la librara de la tentación. Pero finalmente Dios se impacientó y ordenó que cerraran las puertas para que no pudiera entrar. "¡Por el cielo!", dijo él, "¡dénle una oportunidad a la tentación!".

Está lloviendo pero el aire es suave, humoso, cálido. Las grandes gotas golpean sobre las lánguidas hojas, las flores de tabaco se inclinan. Ahora hay un murmullo en la hiedra. Wingley ha aparecido desde el jardín de al lado; salta de la pared. Delicadamente, levantando sus patas, con las orejas levantadas, muy temeroso de que esa gran oleada pueda atraparlo, vadea el lago de césped verde.

"La hija del señor Desaliento, Atemorizada, atravesó el agua cantando".

Ella dijo: "No tengo el menor temor. Me siento como una pequeña roca que la marea creciente va a cubrir. Tú no podrás verme... grandes olas... pero éstas volverán a descender. Estaré allí... parpadeante y brillante".

¡Oh, qué tontería sentimental!

10 de junio. He descubierto que no puedo encender la vela por un extremo y escribir un libro con el otro.

La vida sin *trabajo*: me suicidaría. Por lo tanto, el trabajo es más importante que la vida.

21 de junio. Bateson y su amor por el piojo en sí mismo. Piojos de estirpe. Cien libras por año del Royal Institute, una gran familia, desesperadamente pobre, pero él no se da cuenta. Las vidas que él salvó en la guerra de los Balcanes rasurando y suministrando Thymol. Los casos se redujeron de 7.000 a 700. Ninguna recompensa, ni siquiera un título del gobierno. Los diseca, halla sus glándulas y etcétera, los guarda en cajitas; ellos se alimentan en su brazo. El piojo y la chinche.

Hidátides. Los australianos que las contraían: puñados de uvas inmaduras. Atacan el hígado. En el cuerpo humano se reproducen indefinidamente. Cuando se las pasa y atacan a una oveja, desarrollan *ganchos* y se convierten en largos gusanos.

La enfermedad egipcia: un parásito que ataca a las venas y las arterias y causa fluxión, sangría constante. Es otro óvulo que se bebe en el agua. Después que ha estado en el hombre, sólo puede afectar al caracol de agua. Pasa por un ciclo enteramente nuevo hasta que puede volver a atacar al hombre.

Disentería: Otro parásito.

Hidrofobia: se extrae el virus del perro y se infecta a un conejo. Ese conejo se utiliza para infectar a otro conejo: el segundo y el tercero y así en más, hasta que se llega a un conejo que es prácticamente *puro* virus. Entonces se retira la médula espinal de esos conejos, que se seca mediante un vacío. El resultado se muele hasta lograr una emulsión: primer conejo, segundo conejo, tercer conejo, etcétera, y al paciente se le inyecta progresivamente hasta que al fin recibe una dosis que, de no haber sido preparado para resistirla, lo mataría de inmediato. La enfermedad se desarrolla muy lentamente; el tratamiento es muy costoso. Los síntomas son una profusa saliva espumosa brillante y jadeos y gemidos como el envenenamiento con gas. Nada de ladridos ni de caminar en cuatro patas.

En el *tétanos*, la mandíbula no cierra.

Pasteur fue el gran soñador de los soñadores. Los seres humanos son una *actividad incidental* de la ciencia.

De todo eso conversé con Sorapure el 21 de junio. Su punto de vista acerca de la medicina me parece *completamente acertado*. De muy buen grado le permitiría que me sacara la cabeza, que mirara adentro y volviera a colocarla, si el creyera que eso podría servir a las generaciones futuras. Es el hombre para tener al lado del lecho de muerte. Él lograría interesarme tanto en el proceso –pérdida gradual de la sensibilidad, frío en las coyunturas, etcétera– que yo me estaría ahí tendida pensando: éste es un conocimiento muy valioso, tengo que hacer una nota al respecto.

Mientras estaba junto a la puerta, decía: "Nada es incurable; todo es una cuestión de *tiempo*. Lo que parece tan inútil hoy puede ser justamente el vínculo que hará que todo sea claro para una generación futura...". Tuve un sentido del *aliento mayor*, de las vidas misteriosas dentro de las vidas, y el parásito egipcio iniciando su nuevo ciclo de vida en un caracol de agua me impresionó como una *gran* obra de arte. No, no es eso lo que quiero decir. Me hizo sentir cuán *perfecto* es el mundo, con sus gusanos y ganchos y óvulos, cuán increíblemente perfecto. Están el cielo y el mar y la forma de una lila, y está todo esto otro también. ¡Qué perfecto el *equilibrio*! (¡*Salut*, Chéjov!). No quisiera tener el uno sin el otro.

Los relojes están dando las 10. Aquí en mi cuarto el cielo se ve lila, en el baño es como la piel de un durazno. Las niñas se están riendo. Tengo tuberculosis. Hay todavía una gran cantidad de humedad (y dolor) en mi pulmón malo. Pero no me importa. No deseo nada que no pueda tener. Paz, soledad, tiempo para escribir mis libros, hermosa vida exterior para observar y ponderar... nada más. Oh, quisiera tener un hijo también, un varoncito, ¡*mais je demande trop*!

[*Parte de esta nota aparece otra vez de la siguiente manera*].

Mientras estaba de pie junto a la puerta dijo tranquilamente: "Nada es incurable. Lo que hoy parece inútil puede ser el eslabón que aclare todo en el futuro". Habíamos estado hablando de hidátides, del parásito egipcio que inicia su ciclo de vida en un caracol de agua, y de los efectos de la hidrofobia. Él esbozó una sonrisa. No había nada de qué alarmarse o sorprenderse. Todo era cuestión de conocer esas cosas tal como se las debía conocer y no de otra manera. Pero no dijo nada de eso y se marchó a ver a su caso siguiente...

Durante el desayuno, un mosquito y una avispa se acercaron a beber al borde del plato de la miel. El mosquito era una encantadora gacela de pasos altos, pero la avispa era un tigre fiero y rugiente. ¡Beban, mis queridos!

Cuando el café está frío, L. M. dice: "Estas cosas tienen que suceder a veces". Y adopta un aire misterioso e importante, como si en realidad hubiese sabido todo el tiempo que ése era un día de café frío.

Lo que yo sentía, dijo él, era que no estaba en la plenitud de mi ser. Me había quedado encerrado, de alguna manera, en alguna pequeña bohardilla de mi mente, y habían entrado los extraños... gente a la que no había visto antes se estaba tomando libertades con el resto. Había una espantosa sensación de confusión, principalmente eso, y... vagos sonidos, como de cosas que se estaban moviendo, cambiando, en mi cabeza. Encendí la vela, me senté y vi en el espejo un rostro oscuro, meditativo y extrañamente alargado.

"El sentimiento originado en la causa es más importante que la causa misma...". Esa es la clase de cosas que me gusta decirme mientras subo al tren. Y luego, cuando uno se sienta en el rincón... "Por ejemplo", o "Toma, por ejemplo...". Es un buen juego para *uno*.

Ella se sujeta un velo blanco y casi ni se conoce. ¿Es sentador o no? Ah, quién está allí para decirlo. Hay una mariposa de encaje en su mejilla izquierda y una lluvia de flores en la derecha. Dos oscuros ojos audaces miran a través del tejido... Con seguridad, no los de ella. Sus labios tiemblan; débil, se hunde en la cama. Y ahora no desea ir. ¿Debe ir? La están sacando de la casa esos ojos audaces. Afuera contigo. ¡Ah, qué cruel! (*Segundo violín*).

Pero su mano es grande y fría, con gruesos nudillos y uñas cortas cuadradas. No es una manito de terciopelo que suspira, que cede, que se desvanece y que debe ser reanimada sólo para que se desvanezca una vez más. (S.v.)

¿Qué deseo?, pensó ella. Realmente, ¿qué deseo más que nada en el mundo? Si tuviera un anillo del deseo o la lámpara de Alí Babá... no, no era Alí Babá... era... ¡Oh, qué importa eso! Suponiendo que alguien viniera... "Estoy aquí para concederte tu deseo más caro". Y ella se veía, vagamente, como una blanda criaturita con una estrella de papel plateado en una varita, un hada de escuela... ¿Qué diría yo? Hacía frío en la cocina, estaba oscuro y hacía frío. El grifo goteaba lentamente, como si el agua estuviese semicongelada... (S.v).

La señorita Todd y la señorita Hopper eran segundos violines. La señorita Bray era viola.

El mediodía suena en diversas campanas, algunas de suavidad aterciopelada, algunas lánguidas, algunas pesarosas, y una impaciente, una juvenil campana que repica alto y con rapidez sobre el resto. Él pensó jubilosamente: "¡Ésa es la campana para mí...!".

Cenicienta

Oh, mis hermanas... mis bellas y orgullosas hermanas... tengan piedad de mí mientras me quedo con mi escobita sentada junto a las frías cenizas y ustedes bailan en la fiesta del príncipe. ¿Pero por qué son el Hada Madrina, el coche, las plumas y los zapatitos de cristal de fábula y todo el resto de la historia profunda, profundamente real? El destino, supongo, el destino. Debía ser. Esas cosas ocurren así. *La réponse*: Pobre muchacha... por supuesto que lo lamenta mucho por ella, pero ella se convierte en una pesada, ¿verdad? No hay manera de alejarse.

Cuando se acostaban juntos, los pies de ella se apresuraban a saludar a los de él como pequeños cachorros que han estado separados todo el día saludan a sus hermanos. Y primero se perseguían entre sí y jugaban y se golpeaban suavemente. Pero luego se acomodaban, se abarquillaban juntos bajo las ropas (como cachorros sobre una alfombra ante el hogar) y se dormían...

El oscuro Bogey está un poco inclinado para saltar adentro de la jarra de leche y rescatar a la mosca.

Mágicamente, el fuego se elevaba en dos llamas ramificadas como la dorada cornamenta de algún ciervo encantado.

Él estaba sentado allí, quemando las cartas, y cada vez que echaba a la llama un paquete nuevo su sombra, inmensa, enorme, parecía alejarse de un salto de la pared que tenía al frente. Sentado tan rígido y erguido, parecía algún horrible dios antiguo que tostara sus rodillas ante las llamas del sacrificio.

Dos climas

Siempre preferiría estar en un lugar demasiado caluroso antes que en uno demasiado frío. Pero preferiría estar siempre con gente que me quisiera muy poco antes que con gente que me quisiera demasiado.

"Ella ha hecho su cama", dijo Belle... "ella debe acostarse allí". Reflexioné con agradecimiento que en este caso eso no sería ninguna penuria... por el contrario, en verdad, esperaba que eso fuera lo que los dos estuvieran deseando hacer...

África del Norte. Todo el valle está cubierto de lilas blancas. ¡Tú nunca viste nada igual! Me hacen sentir tan míseramente nostalgiosa de mi patria. Huelen como el querido y viejo Selfridge.

Souvent j'ai dit à mon mari: ¿Nous en prenons un? Et il me dit: Ah, non, non, ma pauvre femme. Notre petit moment pour jouer est passé. Je ne peux rien faire que de rester dans une chaise en faisant des grimaces, et ça fait trembler plus que ça ne fait rire un petit enfant.

Cuando leo al doctor Johnson, me siento como una niñita sentada a la misma mesa. Mis ojos se vuelven redondos. No sólo esucho: lo absorbo *completamente*.

"¿No crees que sería maravilloso" dijo ella, "tener a una persona en la vida a quien se le pueda contar todo?". Se inclinó hacia adelante, apoyó la taza sobre la mesa y se quedó golpeando la cucharita contra el plato. Levantó la mirada: "¿O es simplemente infantil de mi parte, absurdo, desear tal cosa?..". De todos modos se reclinó contra el respaldo de la silla, sonriente, "infantil o no, qué magnífico sería... qué magnífico sería sentir... de esa persona, esa única persona, que realmente no tengo por qué ocultarle nada. ¡Sería una felicidad tan celestial!", exclamó de pronto, "haría la vida tan...". Se puso de pie, fue hasta la ventana, miró vagamente hacia afuera y se volvió. Rió. "Es una cosa extraña", dijo, "siempre he creído en la posibilidad... y sin embargo... en realidad... Toma a R. y a mí, por ejemplo". Y en ese instante volvió a desplomarse en una silla con la espalda apoyada en el respaldo. Aún reía, pero su cuerpo se apoyaba en la silla como si estuviera exhausto. "A él le cuento todo. Tú sabes que somos... bastante diferentes de la mayoría de la gente. Lo que quiero decir es... no te rías... nos amamos muchísimo... ¡somos todo el uno para el otro! En realidad, él es la única persona sobre la tierra para mí... y sin embargo..." y cerró los ojos y se mordió el labio como si deseara dejar de reír. "Por mucho, mucho que lo intente... siempre hay un secreto, sólo uno, que nunca puede decirse y que se mofa de mí". Luego, por un momento se quedó inmóvil...

Clima hindú: un sueño

"Es lo que usted podría llamar clima hindú", dijo el hombrecito.

"Oh, realmente... ¿por qué?" –pregunté yo, vagamente.

Él no respondió. Las dos bruñidas prominencias de su trasero brillaron cuando se agachó hacia las negras juntas del bote.

El día estaba lánguido, húmedo; había cierta negrura en el mar; las pesadas olas llegaban ruidosamente. Sobre los prados del mar no cayó el rocío. El martillo del hombrecito seguía golpeteando.

L. M. lanzó un resoplido, levantó la cabeza, golpeó con los pies en la arena húmeda, recogió un guijarro, cortó unas amapolas marinas y las hundió en su sombrero; sostuvo el sombrero a cierta distancia, lo miró despreciativamente y quitó las amapolas marinas.

Yo parecía y me sentía vaga como un rey.

"Palas y baldes están fuera de cuestión en la pesca de langostas". El martillo golpeaba. Él explicó que todas las langostas serían enviadas vivas en sacos si no se les daba un buen golpe con uno de estos. Se refería a un ordinario desplantador de jardín gris y rojo. L. M. marchó a salvar sus vidas, pero no gozosamente. Ella caminaba con pesadez, la cabeza gacha, golpeando el desplantador contra su costado.

Quedamos solos. Apareció el guardián. Él siempre estaba de perfil, con su sombrero de fieltro levantado a un lado, un parche sobre el ojo más cercano a nosotros. Su pipa curva caía de sus mandíbulas.

"¡Eh, señorita!", me gritó. "¿Por qué no nos da un poco de espectáculo ahí?".

El hombrecito protestó. El mar era como una masa de gelatina que no se ha solidificado del todo. Sobre el horizonte parecía un costurón.

"¡Vamos, señorita!", gritó el guardián. Me quité las ropas, caminé hasta el borde y me sumergí. Traté de aferrarme a los postes de un viejo muelle, pero el fango me cubrió las uñas y fui atraída por succión. Ellos observaban.

De pronto apareció, zarandeándose hacia tierra, el enorme esqueleto flaco de un hindú, muy erguido. Un andrajoso saco de tela estampada en blanco y rosa ondulaba alrededor de sus brazos extendidos. Llevaba una tela igual con un borde de lentejuelas sobre la cabeza. Estaba de pie porque el agua le llegaba a la cintura. "¡Ayuda, ayuda!", grité.

Oí el ruido del martillo y sentí el perfil emparchado del guardián. Una enorme ola irrompible lo elevó, lo inclinó. Su sombra caía pareja sobre la superficie del agua polvorienta: una cabeza rechoncha y dos brazos gigantes. Se amplió en una sonrisa.

Extraños

Vi a S. como a un hombrecito rubio de bigote de morsa, un sombrero hongo demasiado pequeño para esa cabeza, y una antigua levita que él se pasa abotonando y desabotonando. D.B. lo veía como a un serio caballero de grandes y negras patillas. De todos modos, allá estaba él, en el extremo de un túnel oscuro, viniendo hacia nosotros o marchándose... Eso nos hizo iniciar un tema fascinante. Está la gente de la vida de D.B. (muy pocos) a la que nunca he visto, y la inmensa cantidad de la mía de la que él sólo ha oído hablar. ¿Cómo eran, para nosotros? Además, antes de que los conozcamos y mientras están muy, muy lejos, empezamos a construir una imagen... ¿hasta qué punto es válida? Es extraño lo bien que uno llega a conocer a este extraño; con cuánta frecuencia uno lo ha observado antes de que el otro llegue a tomar su lugar... Incluso puedo imaginar a alguien que conserva su "primera impresión"... *a pesar del otro*.

Julio

  Tediosa y breve aventura de K.M.
  Un doctor que vino de Jamaica
  Dijo: "Esta vez la arreglo o la rompo.
  Le inyectaré suero;
  Y si no puede soportarlo
  Llamaré al empresario de pompas fúnebres".

  Su delegado, el doctor Byam,
  Dijo: "Muy bien, viejo colega, lo intentaremos,
  Porque soy un adepto,

De bombear estrepto
Desde que era cirujano en Siam".

La paciente, llegada de Nueva Zelanda,
Dijo: "Por favor, no piensen en mis sentimientos,
Ya que están seguros
De que esto no me seguirá doliendo.
Me tenderé aquí y miraré el cielorraso".

Esos dos hombres muy sedientos de sangre,
Inyectaron cinco millones, luego diez,
Pero descubrieron que el estrepto
Se había deslizado repentinamente
A los pies de ella. ¡Y sucedió lo peor!

Cualquier día usted puede encontrarla
Sola por Hampstead High Street
En una caja de cuatro ruedas
Con un caballo que chilla;
Y sus manos cumplen las funciones de sus pies.

[*En setiembre de 1919, K.M. fue a San Remo y, después de unas pocas semanas, tomó una pequeña casa amueblada –la "Casetta"– en las proximidades de Ospedaletti. Estuve con ella en San Remo, pero volví a Inglaterra para continuar con mi cargo de editor de The Athenæum tan pronto como ella estuvo instalada en la "Casetta" con L. M. Por un tiempo K.M. se sintió muy feliz; pero luego la enfermedad y el aislamiento y el constante sonido del mar empezaron a deprimirla*].

La señora Nightingale: un sueño

Noviembre. Subiendo una oscura cuesta con altos cercos de hierro a los costados del camino y árboles inmensos. Yo estaba buscando a una partera, la señora Nightingale. Una niñita descalza, con un pañuelo sobre la cabeza, caminaba a mi lado y ponía su manita helada en la mía; ella me conduciría.

De un comercio de ramos generales salía una luz. Adentro, una mujer rubia y hermosa, enojada, me indicó que siguiera cuesta arriba y girara a la derecha.

"¡Usted debió creer en *mí*!", exclamó la niña y clavó sus uñas en mi palma.

Allá se levantaba una enorme pared con un cartel en blanco pegado. Ésa era la casa. En una habitación de techo bajo, sentada junto a una mesa, con una sucia manta amarilla y negra sobre las rodillas, estaba sentada una vieja bruja. Lucía un pañuelo sobre la cabeza. Junto a ella, sobre la mesa, había un frasco de cebollas y un tenedor. Le expliqué: debía venir a ver a mi mamá. Mamá estaba muy delicada: su hija mayor tenía 31 años y ella sufría del corazón. "Así que por favor, venga en seguida".

"¿Tiene adherencias?", murmuró la vieja bruja y luego ensartó una cebolla con el tenedor, la comió y se frotó la nariz.

"Oh, sí", dije, poniendo las manos sobre mi pecho, "muchas, muchas adherencias".

"Ah, eso es malo, eso es muy malo", dijo la vieja arrugada, levantando un poco la manta, de modo que por el borde vi sus zapatillas cuadradas. "Pero yo no puedo ir. Tengo un caso a las 4 en punto".

En esos momentos entró una mujer joven, sana y huesuda con un bulto. Se sentó junto a la partera y explicó: "Jinnie ya ha tenido el suyo". Deshizo el bulto demasiado rápidamente: un recién nacido de ojos redondos cayó hacia adelante en su regazo. Percibí el placer de la niñita que estaba a mi lado, una especie de temblor. La mujer joven se sonrojó y bajó la voz. "La hice...". Y se detuvo para encontrar una palabra *médica* muy *privada* para describir un lavado... "*navegar* con una botella de agua inglesa", dijo, "pero aún no ha salido todo".

La señora Nightingale me dijo que fuera a casa de su amiga, Madame Léger, que vivía más arriba, con una luz rosada en el frente. Fui. Las casas se veían de color blanco y azul grisáceo a la luz de la luna, con pinos oscuros a lo largo de la calle. Vi la exquisita luz rosada. Pero en ese instante se oyó un ruido a mis espaldas y allí estaba la niñita, que respiraba con gran esfuerzo y llevaba entre los brazos un gran bolso negro. "La señora Nightingale dice que usted se olvidó esto".

De modo que *yo* era la partera. Seguí caminando mientras pensaba: "Iré a ver a esa pobre almita. Pero aún falta mucho".

Et in Arcadia Ego

Sentarse frente a un pequeño fuego de leña, con las manos cruzadas sobre el regazo y los ojos cerrados, imaginar que se vuelve a ver sobre los párpados toda la belleza danzante del día, sentir la llama en la garganta como solías imaginar que percibías la mancha de amarillo cuando Bogey sostenía un botón dorado bajo tu mentón... cuando respirar es tal placer que casi temes respirar... como si una mariposa batiera sus alas sobre tu pecho. Aun gustar la cálida luz del sol que se derretía en tu boca; aun oler el blanco perfume ceroso que flotaba sobre los campos de junquillos y el especiado y silvestre olor del romero creciendo en pequeñas matas entre las rocas rojas, muy cerca del borde del mar...

La luna está saliendo, pero el día renuente permanece sobre el mar y el cielo. El mar está embadurnado con un rosado del color de las cerezas inmaduras, y en el cielo hay una flotante luz amarilla como las alas de canarios. Muy inflexibles y sólidos son los troncos de las palmeras. Se elevan de sus copas los duros ramos verdes que parecen cortar el aire del anochecer, y entre ellos, los azules árboles de la goma, altos y delgados con hojas falciformes y ramas que caen, medio azules y medio violetas. La luna está apenas sobre la montaña, detrás del pueblo. Los perros saben que está allá; empiezan ya a aullar y ladrar. Los pescadores se silban y se gritan mutuamente mientras acercan sus barcos, algunos niños cantan con voces casi quebradas junto a la costa, y hay un ruido de niños que lloran, niñitos con mejillas quemadas y arena entre los dedos de los pies a los que llevan a la cama...

Estoy cansada, benditamente cansada... ¿Supones que las margaritas se sienten benditamente cansadas cuando se cierran a la noche y el rocío desciende sobre ellas?

La muerte

17 de diciembre. Cuando me fui a la cama comprendí qué era lo que me había hecho "ceder". Fue el esfuerzo de estar de pie, con un corazón que no quiere trabajar. Nada que ver con mis pulmones. Mi angustia desapareció simplemente... sí, simplemente. El tiempo estaba encantador. Cada mañana el sol entraba y trazaba más cuadrados de luz dorada sobre la pared, y desde mi cama divisaba un cielo que parecía de seda. El día se abría lentamente, lentamente como una flor, y sostenía al sol por mucho, mucho tiempo antes de plegarse lenta, lentamente. Entonces desaparecía mi nostalgia de la patria. No sólo no deseaba estar en Inglaterra, empezaba a amar a Italia y el pensamiento de ella... el sol, incluso fuera demasiado caluroso, siempre el sol... y una especie de *plenitud* en la que era agradable estarse.

Estos dos años he estado obsesionada con el temor de la muerte. Que crecía, crecía hasta hacerse gigantesco, y creo que fue eso lo que me hizo aferrarme tanto. Hace diez días desapareció, ya no me importa. Me deja perfectamente fría... La vida permanece o se va.

Aquí debo asentar un sueño. La primera noche que dormí aquí, es decir, después de mi primer día en la cama, me quedé dormida. Y de repente sentí que todo mi cuerpo se *hacía pedazos*. Se quebraba con un violento sacudón, un terremoto, y se rompía como el vidrio. Un largo y terrible estremecimiento, tú entiendes... la médula espinal y los huesos y cada parte y partícula temblando. En mis oídos resonó un estrépito sordo y confuso, y hubo una sensación de brillantez verdosa flotante, como de vidrio roto. Cuando desperté pensé que había habido un violento terremoto. Pero todo estaba quieto. Lentamente comprendí... tuve la convicción de que en ese sueño había muerto. Seguiré viviendo ahora, puede ser por meses o semanas o días u horas. El tiempo no existe. En ese sueño morí. El *espíritu*, que es el enemigo de la muerte y que tiembla tanto y es tan tenaz, me fue arrancado. Soy (15 de diciembre de 1919) una mujer muerta, y *no me importa*. Podría tranquilizar a otros saber que uno deja de preocuparse; pero ellos no podrían creerlo, así como no podía creerlo yo hasta que me sucedió. Y, ¡oh, qué fuerte era el dominio que ejercía sobre mí! ¡Cuando *adoraba* la vida y *temía* la muerte!

Me gustaría escribir mis libros y pasar una temporada feliz con J. (sin mucha fe, por otra parte) y ver a L. en un lugar soleado, y recoger violetas y toda clase de flores. Me gustaría hacer montones de cosas, realmente. Pero no me importa si no las hago... La honestidad (¿por qué?) es lo único que uno parece estimar más allá de la vida, del amor, de la muerte, de todo. Sólo la honestidad queda. Oh, tú que vienes después de mí, ¿quieres creerlo? Al final la *verdad* es lo único que *vale la pena poseer*: es más estremecedora que el amor, más jubilosa y más apasionada. Simplemente, *no puede* fallar. Todo lo demás falla. Yo, al menos, le doy a ella, y sólo a ella, el resto de mi vida.

15 de diciembre. Me gustaría escribir una *larga, larga* historia sobre el tema y titularla "Últimas palabras a la vida". Uno *debería* escribirla. Y otra sobre el tema del ODIO.

Diciembre. A menudo me ocurre que cuando me acuesto para dormir por la noche, en lugar de amodorrarme me siento más despierta que nunca, y allí tendida en la cama, empiezo a revivir escenas de la vida real o escenas imaginarias. No es exagerado decir que son casi alucinaciones: son maravillosamente vívidas. Me tiendo sobre mi lado derecho y llevo la mano izquierda a la frente, como si estuviera orando. Esto parece inducir el estado. Luego, por ejemplo, son las 10.30 de la noche en un gran buque de línea en medio del océano. La gente empieza a salir de la Cabina de Señoras. Papá asoma la cabeza y pregunta si "alguna de ustedes quiere dar un paseo antes de acostarse. En la cubierta el clima es glorioso". Así se inicia. Estoy *allá*. Detalles: papá frotando sus guantes, el aire frío, el aire *nocturno*, el diseño de todo, la sensación del pasamanos de bronce y de los peldaños de goma. La cubierta, la pausa mientras se enciende el cigarro, el aspecto de todo a la luz de la luna, el *tranquilizador* sonido del buque, el primer oficial en la cubierta, tan por encima de las campanas, el camarero que va al salón de fumar con una bandeja y sube el alto escalón con ribetes de bronce... Todas esas cosas son más reales, tienen más detalles, son *más ricas* que la vida. Y creo que podría continuar hasta... Esto no tiene fin.

Puedo hacer eso con todo. Sólo que no hay personalidades. Tampoco estoy yo allá personalmente. La gente sólo es parte del silencio, *no* del modelo... enormemente diferente de esa parte del *esquema*. Siempre pude hacer eso en cierta medida; pero es sólo desde que me enfermé realmente que me fue dado ese... ¿cómo llamarlo? "premio consuelo". ¡Mi Dios!... es una cosa maravillosa.

Puedo evocar a ciertas personas, al doctor S., por ejemplo. Y luego recuerdo cómo solía decirles yo a J. y R.: "A él se lo veía muy buen mozo hoy". No sabía qué estaba diciendo. Pero cuando lo invoco y lo veo "en relación", él *está* maravillosamente buen mozo. Otra vez aparece completo, hasta el menor detalle, hasta la forma de sus pulgares, hasta su mirada por encima de los anteojos, sus labios mientras escribe, y en especial en todo lo relacionado con poner la aguja en la jeringa... Revivo todo eso a voluntad.

"¿Hijos?", preguntó él tomando el estetoscopio mientras yo luchaba con mi bata de dormir.

"No, ningún hijo".

¿Pero qué hubiese dicho si le hubiera comentado que hasta unos pocos días antes yo había tenido un hijito, de cinco años y tres cuarto, de sexo indeterminado? Algunos días era varón. Ahora, desde hacía dos años, a menudo había sido una niñita...

Diciembre. Seguramente yo sé más que otra gente: he sufrido más, y he soportado más. Sé cuánto desean ser felices, y qué preciosa es una atmósfera de amor, un *clima* que no atemorice. ¿Por qué no intento tener esto presente y trato de cultivar mi jardín? Ahora desciendo a un lugar extraño entre extraños. ¿No puedo conseguir que se me perciba como una fuerza personal real? (¿por qué deberías hacerlo?). Ah, pero sí *debería*. He tenido experiencias que ellos desconocen. Ya debería haber aprendido el obiter dictum de C., qué verdadero podría ser. *Debe ser*.

[Hacia fines de diciembre, preocupado por la depresión que se advertía en sus cartas, fui por una quincena a Ospedaletti a ver a K.M.].

30 de diciembre. Día calmo. En el jardín leímos poemas antiguos en el Oxford Book. Hablamos de nuestra biblioteca futura. Por la noche leí a Dostoievsky. Por la mañana discutí la importancia de la "vida eterna". Jugamos a nuestro famoso juego de la piedra (Capa de los seis peniques y Cornualles).[10]

31 de diciembre. Larga charla acerca de la casa. Foster dijo que yo podía caminar. El mar sonaba como un mar isla. Feliz. Encantador fuego en mi dormitorio. *Succès éclatant avec démon* antes de la comedia. Escuché el violín de Wingley. La cama de madera.

---

[10] El juego de la piedra era simple. Se colocaba una piedra más bien grande en el borde extremo de un farallón, uno se sentaba a unos diez metros de distancia y lanzaba hacia ella otras piedras más pequeñas. El primero que le acertaba recibía seis peniques del otro. De ahí el nombre, Capa de los seis peniques, que le dábamos al farallón próximo a Bandol, donde jugamos por primera vez ese juego.

1920

1º de enero. J. se disponía a marcharse. Higos secos sobre la estufa, calcetines blancos que se secan en el estante. Un plato de naranjas y hojas húmedas por la lluvia... un mazo de cartas sobre la mesa. Llueve pero está cálido. El junquillo está en flor. Nos demoramos en la puerta. L. M. canta.

2 de enero. J. partió hacia Londres. La casa está muy vacía y tranquila. Estuve mal todo el día... agotada. Por la tarde me quedé dormida sobre mi trabajo y extrañé el correo. Mi corazón no descansa. No hay correo. Durante la noche, el cuadro del gato se volvió terrorífico.

3 de enero. Una carga de leña. Envié la crítica. Un día frío. Vino la señorita S., mortalmente aburrida. Su bostezo y recuperación. Tormenta de viento y lluvia. Tuve una pesadilla con J. Él y yo "separados". La señorita S. habló de tulipanes, pero consigue que todo suene tan remilgado: las hebras de su alma están todas enredadas.

4 de enero. Tiempo frío, húmedo, ventoso, terrible. Lo combatí todo el día. Horriblemente deprimida. D. vino a tomar el té, pero no sirvió. Trabajé. Dos cables de J. Según lo prometido. No puedo escribir. Los junquillos están afuera, débiles y pálidos. Se acercan nubes negras.

En cuanto desaparece el sol me siento vencida... otra vez me asalta la negrura. *Odio el mar.* No hay nada que hacer más que trabajar. ¿Pero cómo puedo trabajar cuando esta terrible debilidad incluso convierte a la pluma en un bastón?

5 de enero. Nuit blanche. Decidí a las 3 de la mañana que D. era un maníaco homicida. *Segura* de eso. Comencé mi cuento, "Última primavera". Un día frío y triste. Trabajé sobre Chéjov todo el día y luego en mi cuento hasta las 11 de la noche. Vino Anna. Hablamos de ella, en su propia cara, en inglés. No hay cartas. Huelga de correos. El moño y la blusa de terciopelo de Anna.

6 de enero. Día negro. Oscuro, no se ve el cielo; un mar lívido; un ruido de hervor en el aire. Soñé que los gatos morían de *antineumonía*. Ataque al corazón a las 8 de la mañana. Un día terrible. Ni un momento de alivio. No podía trabajar. A la noche cambié la posición de mi cama. A las 5 pensé que estaba meciéndome en el mar... para siempre. N.B.

7 de enero. En la galería. No quiero un Dios para alabar o implorar, sino para *compartir* con él mi visión. Esta tarde, mirando la prímula después de la lluvia. No deseo que nadie dance ni haga ondular sus brazos. Sólo deseo *sentir* que ven, también.

8 de enero. Negro. Un día pasado en el INFIERNO. Incapaz de hacer nada. Tomé brandy. Decidida a no llorar... lloré. Sensación de inquietante aislamiento. Moriré si no escapo. Nauseosa, débil, fría de tristeza. Oh, *debo* sobrevivir a esto de alguna manera.

9 de enero. NEGRO. Otro de esos. Por la tarde vino Foster y estuvo de acuerdo en que tengo que irme de acá. Como pude, escribí una columna. Rompí el cristal de mi reloj. Por la noche, L. M. y yo nos sentimos más amistosas de cuanto lo hemos sido por años. Yo no podía descansar ni dormir. El rugido del mar era insoportable.

10 de enero. Pasé la noche escribiendo otra columna. ¡Ayúdame, Dios! Y luego entró L. M. para decirme que yo estaba atrasada en una hora y media. Lo hice con el tiempo justo. Charlé con L. M. Nuestra amistad está volviendo... a la antigua manera. Pensé "El exiliado".[11] Espantosa noche de angustia.

11 de enero. Trabajé desde las 9.30 hasta las 12.15 de la noche, deteniéndome sólo para comer. Terminé el cuento. Estuve acostada despierta hasta las 5.30, demasiado excitada para dormir. En el mar, las almas de los ahogados cantaron toda la noche. Pensé en todo lo de mi vida, y todo volvió tan vívidamente... Estos son los peores días de toda mi vida.

12 de enero. Envié el cuento y un telegrama. Muy cansada. El mar aullaba, estallaba y rugía. ¿Cuándo superaré este trance? ¡Oh, angustia! No puedo dormir. Me quedo tendida volviendo sobre mis pasos... revisando toda mi vida anterior...

13 de enero. Mal día. Un curioso efecto luminoso sobre la costa. Me arrastré por el jardín durante la tarde. Me siento terriblemente débil y todo el tiempo al borde del colapso. Traté de trabajar: no pude. A las 6 volví a la cama. Tuve una pesadilla horrible.

14 de enero. Vino Foster: dice que mi pulmón está notablemente mejor, pero debo hacer reposo absoluto por dos meses y ni intentar caminar. Tengo una "mayor probabilidad". Sonó la campana por la noche. Me duele el ojo. *No puedo* darme prisa. Soñé con B. Ella me daba su bebé para que lo cuidara.

15 de enero. Estuve sentada en mi cuarto observando cómo el día se convertía en noche. El fuego parece un ciervo dorado. *Pensando en el pasado* siempre; soñándolo de nuevo. El algodonero se ha puesto amarillo. Esta noche el mar está calmo. Huelga de correos. Ninguna, ninguna carta.

16 de enero. Escribí y envié críticas. Me quedé en la cama, trabajé. Tomé un baño. El día fue muy hermoso. Debí traba-

---

[11] Luego titulado : "El hombre sin temperamento".

jar mucho. Por la noche empecé un nuevo cuento, "Un extraño error".[12] Huelga de correos para cartas y telegramas. Por la noche no podía dormir. Mi vida en Londres parece inconmensurablemente lejana y como un sueño. L. M. habló de sí misma cuando era niña.

17 de enero. Huelga de correos: ni cartas ni cables. Romper y clasificar viejas cartas. La sensación que se produce, la angustia, las palabras que se hunden en mi corazón: ¡Mi *querida*! ¡Mi *esposa*! ¡Oh, qué angustia! Oh, ¿será siempre igual? Yacer despierta de noche escuchando las voces. Dos hombres parecían cantar, un tenor y un barítono; luego empezaron los ahogados.

18 de enero. No hay cartas: sigue la huelga. Un hermoso día. ¿Pero qué es eso para mí? Soy una *inválida*. Me paso la vida en la cama. Leí a Shakespeare por la mañana. Siento que hoy no puedo soportar este silencio. Estoy *perseguida* por los pensamientos.

19 de enero. Ni cartas ni periódicos. Vino V.; y la señora V. y la señorita S. de blanco. "El problema que he tenido con usted, señora Murry, y los gastos que ello me ha ocasionado... más inconvenientes que si usted se hubiese muerto aquí". Las mujeres se veían tan hermosas contra las flores, incluso la señorita S. Tuve un espantoso ataque de llanto por el "ruido y la limpieza". Fue horrible.

20 de enero. Me lavé la cabeza. L. M. salió y estuvo ausente todo el día. Aquí a solas, un día perfecto. Paseé por el jardín... Había un barco, blanco y sólido sobre el agua. El abrigo desapareció. El fuego en mi cuarto y la luz doble. Todo era exquisitamente hermoso. "Adiós". Ahora cree que nos vamos y está seguro.

21 de enero. Un día como un sueño. El pelo, el bastón, la chaqueta, los dientes, la corbata de V., todo para recordar. "Para

---

[12] Luego titulado "La casa equivocada".

usar un *vulgarismo*, estoy harta". El viaje, las flores y estas mujeres acá. El pañuelo de raso negro y el alfiler de perla de Jinnie. Esta exquisita limpieza me convierte en un gato.

[*Ese día K.M. dejó finalmente la Casetta y fue a un sanatorio de Mentone*].

22 de enero. Vi al médico, un tonto. La Casetta abandonada a sí misma: los vientecillos que soplan, las persianas cerradas, el algodonero que se está volviendo amarillo. Pasé una mañana cansadora. El corazón me duele. Las comidas abajo son un terrible esfuerzo. Pero la gente es ingenua.

23 de enero. Vi a dos de los médicos: un burro y un burro. Me pasé el día junto a mi ventana. Era un día bueno, encantador. Pero estuve tratando de trabajar todo el día y no lo logré. Por la noche tuve una pesadilla espantosa.

24 de enero. La prima C. trajo el perrito a verme, un animal encantador. El mismo deseo angustiante de trabajar, y no pude. Supongo que empecé a criticar a T. nueve o diez veces. Me sentí muy cansada como resultado de eso.

25 de enero. Las comidas aquí son un horror. Es como estar horas y horas sentada allá y la gente es fea. De todos modos, gracias a Dios que *esté* aquí, con el sonido del tren, al alcance del correo.

26 de enero. Me sentí mal, con frío y fatiga, y me dolían los pulmones. Se debe a que no estoy trabajando. Todo es en parte una pesadilla por esa razón. ¡Mi carácter está pésimo! Siento que soy horrible y no puedo parar eso. Es una sensación desagradable.

27 de enero. La mujer que hace el masaje no es realmente buena. Mi vida aquí es extraña. Me gusta mi cuarto grande y aireado, pero *trabajar* es tan difícil. En el fondo de la mente soy tan infeliz. Pero todo el tiempo estoy pensando en mi filosofía: la derrota de lo personal.

28 de enero. No recordaré lo que ocurrió hoy. Es un día en blanco. Al final de mi vida puede ser que lo desee, puede ser que lo quiera. Hubo una nueva luna: eso lo recuerdo. Pero quién vino o qué hice, todo se ha perdido. Es sólo un día perdido, un día que cruza la línea.

30 de enero. Todo el día intenté trabajar y me siento cansadísima. Quizá sea el masaje. Jinnie vino a verme y me trajo un regalo de su perrito.

31 de enero. Cambié mi habitación por esta otra. La prefiero. Es más cómoda y hay sólo una cama.

1° de febrero. Mi cuarto es horrible. Muy ruidoso: un estrépito constante y la sensación de que no tiene puerta. A la gente francesa le importa un bledo el ruido que puedan hacer. Los odio por eso. Me quedé en la cama; me sentí muy mal, pero no me preocupo por el motivo. La comida fue realmente espantosa: nada para comer. Por la noche, sentimientos por la *vieja Casetta*, como una locura. Voces y palabras y semivisiones.

2 de febrero. Connie y Jinnie vinieron y trajeron una nota sobre mi libro ("Gloria"). Traje más flores. *Vi la hermosa palmera.* El amor vencerá, con tal que yo pueda aferrarme a él. Vencerá, después de todo y a través de todo.

3 de febrero. Fui a dar un paseíto por el jardín y vi todas las violetas pálidas. La belleza de las palmeras. Me enamoré de un árbol. Las camelias japonesas son flores encantadoras, pero la gente no las cultiva demasiado.

4 de febrero. Día horrible. Estuve tendida todo el día y *medio* dormida de esta nueva manera, oyendo voces.

5 de febrero. Salí a dar un paseo en coche. Todo el camino, alegre. La casa y la niña. No pude dormir; dormí otra vez. Horrible dolor en las articulaciones. ¡Casa espantosamente *ruidosa*! Vi un naranjo, una forma exquisita contra el cielo: cuando la fruta está madura, las hojas toman un color amarillo pálido.

6 de febrero. Decidida a hacer la crítica de dos libros hoy y a trabajar en "Segundo plato". Vi a un médico *tonto* hoy. ¡Tonterías! ¡*Tiburón* es la única palabra! ¡Chá-cha-ra! ¡Li-son-jas! ¡Galan-te-rías! ¡¡¡Ranas!!! Vous pouvez vous promener. *Mentiroso.* La palmera. No terminé la crítica, pero no importa, va.

7 de febrero. Casa en perfecto tumulto. Horriblemente nerviosa. Vino la modista y su pequeña aprendiz, que me dio las flores. Tomé un baño, pero todo fue con una prisa y un ruido horribles. Tuve un sueño extraño. "Ella y la luz de la luna son una sola". George Sand, ma soeur.

8 de febrero. A Villa Flora. En el jardín con la desdichada mujer tendida sobre el banco duro. La tela de brocado español, el trozo de heliotropo. El plan de Jinnie de que yo vaya a vivir ahí. Volví y se lo conté por escrito a J. en detalle, encantada. Por primera vez creo que me gustaría unirme a la Iglesia Católica Romana. Debo tener *algo*.

> *[Poco después K.M. dejó el sanatorio para ir a vivir a Villa Flora con su prima la señorita Beauchamp y su amiga la señorita Fullerton, cuya dedicación a K.M. se vio recompensada con una mejoría rápida y notable en su salud].*

Angustia

El cartero se demoraba. Ella llamó y formuló la eterna pregunta. "¿Dejà passé?", y oyó la eterna respuesta "Pas encore, Madame". Al fin apareció Armand con una carta y los periódicos. Ella leyó la carta. Y entonces ocurrió *otra vez*, otra vez pareció haber un horrible y marcado temblor: su corazón saltaba. Se hundió en la cama. Empezó a llorar y no podía parar.

Sonó el primer timbre. Se incorporó, empezó a vestirse, llorando y con frío. El segundo timbre. Se sentó y trató de calmarse; le dolía mucho la garganta. Se empolvó mucho y bajó. En el ascensor: "Armand, cherchez-moi une voiture pour deux heures just". Y luego una hora y cuarto en la brillante y ruidosa *salle*, bebiendo vino para dejar de llorar, y viendo cómo todos los animales elogiaban la comida. Los camareros no hicieron más que mover su silla y ofrecerle comida. No lo soportó. Salió y subió, pero eso fue fatal. ¿Tenía ella un hogar? ¿Un gatito? ¿Era la esposa de algún hombre? ¿Había terminado todo?

Se vistió y bajó al horrible vestíbulo, porque allí, con el *monde* que bebía café, no se atrevía a llorar. Se acercó una pequeña berlina conducida por un hombre. ¡Oh, esas pequeñas berlinas, lo que había pasado en ellas! El interior de botones azules, las cuerdas azules y las borlas de marfil, ¡todo, todo! Se reclinó en el asiento, levantó su velo y se secó los ojos. Pero fue inútil. La oficina de correos estaba llena. Debió esperar en una fila para hacer el telegrama entre hombres horribles que gritaban por encima del hombro de ella, hombres horribles. Y ahora, ¿dónde? Una dosis de sal volátil en la farmacia. Mientras el farmacéutico la preparaba, ella se paseó rápidamente por el local, retorciéndose las manos. Había una caja de Kolynos. Le habló de él, él en el cuarto de ella, hablando de la espuma, diciendo que se lo dejaría. Cuatro francos con setenta y cinco.

Compró y bebió la mezcla y ahora, ¿dónde? Subió al coche —el anciano esperaba a la puerta—, ella no podía hablar. De pronto, por el otro lado de la calle, con aspecto muy grave viene Frances. Se cruzó y tomando la mano de ella dijo: "Deo gratias". Ella guardó silencio por un instante. Luego dijo, de repente: "Venga a ver a M'Laren ahora. Arreglémoslo ya". Esperaron en una sala muy tranquila, llena de libros y viejos y oscuros impresos de colores y muebles oscuros lustrados. Frances salió para una charla preparatoria y luego volvió a buscarla y las dos entraron en el consultorio del médico. Era un hombre bajo, seco, con una barba recortada y hermosos ojos castaños. Ardía un fuego y había libros en todas partes. Libros alemanes también. Frances se quedó mientras se realizaba otra vez la larga, familiar y cuidadosa revisión. El doctor se esmeró. Cuando hubo terminado, ella se vistió y Frances dijo: "Doctor, es el deseo de mi vida curar a esta... pequeña amiga mía. Usted debe permitirme que la tenga conmigo, debe permitirme que lo haga". Y después de una pausa, que la otra consideró decisiva, él dijo: "Creo que sería ideal para ella que estuviera con usted. No debería tener que sufrir el ruido y la visión constante de gente repulsiva. Es muy sensible y su enfermedad, tan antigua, ha multiplicado por mil su sensibilidad". Él era tranquilo, grave, gentil. Oh, si ellos hubieran conocido o visto su corazón que había sido apuñalado tantas veces. Pero consiguió sonreír y agradecerle al médico y entonces Frances la llevó de nuevo a la berlina y se convino que ella partiría en una semana.

Toda la tarde había estado viendo alhelíes dobles. Nunca querría tener alhelíes dobles si alguna vez tenía un jardín. ¡Oh, angustia de la vida! ¡Oh, amarga, amarga vida! Eso la hizo pensar en alhelíes y en Shakespeare. Sí, cómo en *Cuento de invierno*, Perdita no quería alhelíes en su jardín. "Los llaman bastardos de la naturaleza". Volvió a su habitación y se acostó. Era como Baviera de nuevo, pero peor, peor... y ahora no podía tomar una droga ni nada. Sólo debía *soportarlo y seguir*.

El vislumbre

Y sin embargo, se tienen esos "vislumbres", ante los cuales todo lo que uno ha escrito (¿qué ha escrito uno?), todo (sí, todo) lo que uno lee, empalidece... Las olas, mientras volvía a casa esa tarde, y la alta espuma, cómo se quedaba suspendida en el aire antes de caer... ¿Qué es lo que ocurre en ese momento de suspensión? Es independiente del tiempo. En ese momento (¿qué quiero decir?) está contenida toda la vida del alma. Uno es lanzado hacia arriba, afuera de la vida, uno es "sostenido" y luego... abajo, brillante, quebrado, resplandeciendo hacia las rocas, devuelto, parte del flujo y del reflujo.

No quiero ser sentimental. Pero mientras uno pende, suspendido en el aire, sostenido... mientras yo observaba la espuma, estuve consciente *de por vida* del cielo blanco con una tela gris rota encima; del mar que se desliza, resbala, se escurre; de los oscuros bosques desdibujados contra el cabo; de las flores del árbol frente al que pasaba y más... de una enorme caverna donde mis "yo" (que eran como antiguos recolectores de algas marinas) musitaban, indiferentes e íntimos... y este otro yo aparte en el coche, aferrando el frío pomo de su paraguas, pensando en un buque, en cuerdas endurecidas con pintura blanca, y los hules húmedos y colgantes de los marineros... ¿Alguna vez estará uno en paz consigo mismo? ¿Siempre tranquilo y sin interrupciones, sin dolor, con la persona amada bajo el mismo techo? ¿Es demasiado pedir?

29 de febrero. ¡Oh, ser un *escritor*, un real escritor dedicado a escribir y nada más! Oh, fracasé hoy; me volví, miré por encima del hombro y de inmediato ocurrió, me sentí como si también a mí me derribaran. El día se puso frío y oscuro en ese instante. Parecía pertenecer al crepúsculo de verano en Londres, al ruido de los portones cuando cierran el jardín, a la profunda luz que tiñe las altas casas, al perfume de las hojas y el polvo, a la luz de la lámpara, a esa excitación de los sentidos, a la languidez del ocaso, el aliento de esa hora en la propia mejilla, a todas esas cosas que (hoy lo siento) se han ido de mí para siempre... Hoy siento que moriré pronto y repentinamente; pero no de mis pulmones.

Hay momentos en que Dickens está poseído por ese poder de la escritura: es transportado. Esa es una bendición. Que por cierto no comparten los escritores de hoy. La muerte de Cheedle; el amanecer que cae sobre el borde de la noche. Uno comprende exactamente el estado de ánimo del escritor y cómo él escribió, por así decirlo, para sí mismo, pero no fue esa su voluntad. Él *estaba* cayendo, y él *era* el médico que va al bar. Y también cuando...

> Le temps des lilas et le temps des roses
> Ne reviendra plus ce printemps-ci,
> Le temps des lilas et le temps des roses
> Est passé-le temps des oeillets aussi.

Le vent a changé-les cieux son moroses
Et nous n'irons pas couper et cueillir
Les lilas en fleurs et les belles roses;
Le printemps est trist et ne peut fleurir.

O joyeux et doux printemps de l'année
Qui vint, l'an pasé, nous ensoleiller;
Notre fleur d'amour es si bien fânée
Las! Que ton baiser ne peut l'éveiller.

Et toi, que fais-tu? Pas de fleurs écloses
Point de gai soleil ni d'ombrage frais;
Le temps des lilas et le temps de roses
Avec notre amour est mort à jamais.

La vida es una cosa extraña. Leí esto hoy y en mi mente lo oía cantado con una voz muy pura y un piano, y me pareció que era parte del gran dolor del amor juvenil.

Maldad

La besé. Su mejilla se percibía fría, blanca y algo húmeda. Fue como besar una vela de iglesia. La miré a los ojos: eran pálidos y titilaban con luces lejanas y atenuadas. Olía levemente a incienso. Su falda estaba gastada y se combaba en las rodillas.

"¡Pero cómo pudo decir eso de la Bendita Virgen!", exclamó. "Debe haber herido tanto a Nuestra Señora".

Y vi a B.V. haciendo a un lado un ejemplar de *Je ne parle pas Français* y diciendo: "Realmente, esta K.M. es todo lo que sus amigas dicen que es".

Gallos y gallinas

De noche y a la mañana temprano me encanta escuchar a mis queridos gallos que se llaman unos a otros desde corrales solitarios. Cada uno posee una nota diferente: nunca oí dos gallos que cantaran igual. Pero las gallinas, que por su cacareo parecen estar poniendo huevos todo el día, suenan tan igual una a la otra como... como... En realidad, no hay posibilidad de distinguirlas. L. M. dice que no *todas* están poniendo huevos. Algunas están asustadas, sorprendidas, excitadas o sólo son... retozonas. Pero esto me parece que torna el asunto más... humillante.

4 de abril. Huevos de Pascua en las servilletas plegadas. Una Feliz Pascua. Bebemos por amigos ausentes, pero descuidadamente, sin saber si inclinar la cabeza o no.

9 de abril. Frío y ventoso. Más allá de las ventanas, las palmeras que se agitan, el polvo, la mujer de velo negro. Siento que debo vivir sola, sola, sola... con *artistas* que sólo toquen la puerta. Cada artista se corta la oreja y la clava en la parte exterior de la puerta para que los otros griten en ella.

11 de abril. Nunca puedo recordar qué ocurre. Así, no hay un plan general. "Ayer" cae en la sombra general. Pero todo el tiempo uno mira hacia atrás y hay maravillas. Está siempre la señorita H. tendiendo sus manos hacia el gran mosquito desafiante y gritando con una especie de gemido: "Oh, los queridos". Eso queda para siempre. Y luego no se debe olvidar nunca al perro, que recibe todo el amor de los niños. "¡Mi lindo cachorrito!".

12 de abril. Fui al museo de peces de Mónaco. Debo recordar las burbujas cuando el hombre sumergía la caña en los tanques. La muchacha joven. ¡Qué bonita! Las muchachas jóvenes me hacen sentir cuarentona. Bueno, por cierto una no quiere parecer de 21. La mujer con sus tres hijitos en Monte...

[*A fines de abril K.M. regresó a Inglaterra, a su casa de Hampstead*].

9 de agosto. "Y si un hombre desea considerar a la vida en todo su circuito, y ve de qué manera notable está provista de cosas extraordinarias y hermosas y grandes, pronto comprende por qué nacimos".

9 de agosto. Me gustaría poseer un código secreto para registrar lo que siento hoy. Si lo olvido, que mi mano derecha olvide su astucia... la cortina levantada... la mano ante el fuego con el anillo y los dedos abiertos... no, está nevando... el telegrama para decir que él no... sólo las palabras *llego 8.31*. Pero si digo más me delataré.

(Más tarde). Escribí esto porque existe real peligro de olvidar *esa clase* de intensidad, y no servirá.
8 de diciembre de 1920. No, no hay ningún peligro de olvidar.

12 de agosto. Muchísimo más hermoso que una mañana de primavera o verano. La bruma, los árboles de pie en ella, ni una sola hoja se mueve, no corre ni un soplo. Hay un débil olor a quemado. El sol sale lentamente... lentamente se va iluminando el cuarto. De pronto, en la carpeta aparece un cuadrado de pálida luz rojiza. El pájaro pía en el jardín, un poco ronco, como el sonido de una piedra de afilar. Los berros flamean en el jardín: sus hojas son pálidas. Sobre el césped, con las manos metidas debajo de su cuerpo, está sentado un gato blanco y negro.

Agosto. Toso y toso y con cada respiración se oye un sonido como de arrastre, de hervor. Siento que todo mi pecho está hirviendo. Sorbo agua, escupo, escupo, escupo. Siento que debo quebrar mi corazón. Y no puedo expandir el pecho; es como si el pecho se hubiese destrozado... La vida está... recibiendo nuevo aliento. Nada más cuenta.

"¿Puedes ayudarme? ¿Puedes?". Pero mientras lo preguntaba sonreía, como si no importara tanto si él podía o no.

Mi naturaleza... mis nervios... la cuestión es si cambiaré o no. Personalmente... ¿Lo ves a él? Y él tiene un amigo, un confidente, un antiguo compañero de escuela, pequeño, desharrapado, con una pierna de madera, al que ha redescubierto. Está casado. El amigo entra en el nuevo *ménage*. Poco a poco llega a conocer a su esposa. Ninguna *tragedia*. Se siente como un gorrión de una sola pata. Charlan juntos en la casa antes de que ella vuelva. "¿Eres tú, Beaty? ¿Puedes prepararnos té?".

Que el gorrión... que el gorrión... soporte que el gorrión...

Charadas. Naturalmente Roger se suicida, se corta la garganta con un cortapapel y pierde la vida gorgoteando.

[*Las notas siguientes se refieren evidentemente a la primera concepción del cuento inconcluso titulado "Corazón débil". La fecha indica que K.M. poseía la idea del cuento desde hacía mucho tiempo*].

Setiembre. La hija del relojero. Sus interpretaciones en el piano. Su corazón débil, su rostro raro y su voz rara, sus *ropas espantosas*. Las violetas en el jardín. Sus pequeños madre y padre. La escena en los Baños; la frialdad, el color azulado de los niños, el tamaño de ella en el traje de baño de sarga roja, con trencilla blanca en los bordes. Los escalones que bajan al agua, la cuerda que cruza.

Edie tiene un hermano, Siegfried. 17 años. Uno nunca se entera si él ha empezado a afeitarse o no. Él y Edie caminan del brazo... El sombrero de los domingos de ella está *adornado más allá de las palabras*.

¡Oh, ese árbol en la esquina de May Street! Lo olvidé hasta este momento. Era oscuro y pendía sobre la calle como una gran sombra. El padre era joven y agradable de mirar. Era un relojero.

[*Las entradas siguientes pertenecen a setiembre de 1920, y fueron hechas en el viaje a Villa Isola Bella en Mentone, donde K.M. pasó el invierno de ese año*].

Psicología femenina

"Se dice que la tórtola nunca bebe agua limpia, sino que siempre la ensucia antes con las patas para que se adecue mejor a su mente pensativa".

Isola Bella: ¿Cómo la compraré?

Con rumbo al sur

Tendida mirando hacia la ventanilla, me desperté temprano. La persiana estaba bajada a medias. Una luz de un fuerte color rosa volaba por el cielo y las formas de los áboles, los viejos graneros, las torres y las paredes, se veían negros. Las charcas y los ríos parecían mercurio. Cerca de Aviñón, bajo los primeros rayos del sol, la huerta brillaba con fruta dorada: las manzanas centelleaban como estrellas.

Las piernas de L. M. estaban suspendidas. Ella bajó, haciendo ondular lentamente sus grandes piernas grises, como si algo la atrajera, la arrastrara... la masa de ricas malezas azules sobre la alfombra roja.

"A-vi... Avi... Aviñón", dijo.

"Uno de los nombres más bonitos sentenciado a muerte", dije. "Un nombre que se extiende sobre la antigua ciudad como un puente".

Se sentía muy impresionada. Pero luego George Moore *podía* impresionarla.

Mujer y mujer

Lo que siento es: ella nunca está inconsciente, ni por una fracción de segundo. Si suspiro, sé que su cabeza se levanta. Sé que esos ojos grandes y solemnes se fijan en mí. ¿Por qué suspiré? Si me doy vuelta, ella sugiere un almohadón u otra manta. Si vuelvo a girar, entonces es mi espalda. ¿Podría tratar de frotármela? No hay escapatoria. Toda la noche: un débil crujido, la más mínima tos, y su voz suave que pregunta: "¿Hablaste? ¿Necesitas algo?". Si no hago absolutamente nada, entonces descubre la fatiga bajo mis ojos. Hay algo profundo y terrible en ese eterno deseo de establecer contacto.

Hombre y mujer

Misterioso es el hombre y la mujer. Ella estaba sentada en un asiento plano en el corredor y él estaba de pie a su lado mientras el hombre oscuro y gordo les arreglaba un par de camas. Ella parecía malhumorada, terca y aburrida. Pero era fácil ver que armonizaba con él.

"¡Golpea en la puerta cuando estés lista, muchacha!".

Y la puerta se cerró con un golpe. Él se sentó en el asiento plegadizo, se alisó el pelo delgado y suave, cruzó las manos huesudas. Un pie prolijo pendía de un tobillo delgado. La luz brillaba en sus anteojos. Al verlo a él así no se podía imaginar un hombre que pareciera menos el hombre de una mujer. Pero lo admiré intensamente. Me sentí orgullosa de ellos porque estaban "hechos en Inglaterra".

Hora del desayuno

Se puso caluroso. En todas partes se estremecía la luz de un dorado verdoso. Se desenrollaba el camino blanco y suave, con plátanos que arrojaban una sombra temblorosa. Había pilas de calabazas y calabacines; fuera de la casa, los tomates estaban esparcidos al sol. Flores azules y rojas y penachos de un profundo morado centelleaban en los cercos a los lados del camino. Un muchachito, que llevaba una rama, caminaba tropezando por un campo amarillo, seguido por una cabrita marrón de patas altas. Compramos higos para el desayuno, higos inmensos de piel delgada. Se rompían entre los dedos y sabían a vino y miel. ¿Por qué el higo del norte es tal virgen rubia y casta, tal *soprano*? Las contraltos que se derriten cantan a través de las eras.

Inglaterra y Francia

La gran diferencia: Inglaterra tan rica, con los verdes emparrados de los lúpulos y las mujeres y los niños alegres con los brazos levantados que se detienen a mirar el tren. Una bandada de gallinas amarillas, conducidas por un gallo rojo, flameaba a través del borde del campo. Pero Francia: un viejo de blusa blanca estaba cortando un campo de trébol pequeño con una guadaña antigua y en parte de madera. La parte superior de las flores estaba quemada; los tallos eran como pequeños montones de tabaco semiquemado.

[Marie, de las notas siguientes, era la empleada doméstica en la Villa Isola Bella].

Marie

Octubre. Ella es pequeña y gris con ojos de caracolillo marino azules y gestos rápidos y amplios. Annette dijo que ella es "une personne très supérieure... la veuve d'un cocher" y "qu'elle a son appartemente à Nice... Mais, que voulez-vous? La vie est si chère. On est forcé". Pero Marie no parece nada de esas cosas imponentes y sustanciales. Es demasiado alegre, demasiado riente, demasiado ligera, para haber sido nunca algo más que un triunfo para un cochero. En cuanto a un *appartement,* sospecho que se trataba de una silla junto a una ventana que da a un mercado.

Ahogándose, estrangulada por la garganta, una indefensa, agotada bolsita de seda negra.

Pero uno no dice nada y según el mejor entender, no da señal alguna. Salí bajo la lluvia ligera y vi el arco iris. Se profundiza; desciende hacia el mar y desaparece. La lluvia pequeña y ligera caía sobre el otro lado del mundo. Frágil... frágil. Sentí que el mundo no era más que eso.

Marie y la coliflor

"*Mon pauvre mari* se daba vuelta y me decía: *¿Tu as peur? ¡Que tu es bête! Ce sont des rats. Douze encore*". Pensé, después de que ella me lo contara, y esas palabras se agitaron en mi mente, algo había perturbado la superficie olvidada y largamente silenciosa. ¿Cuántas de las palabras de él se recordaban? ¿Alguna vez alguien citaba las palabras vivas que él había pronunciado? "*¿Tu as peur? ¡Que tu es bête!*". Palabras dichas de noche, en la oscuridad, extrañamente íntimas, tranquilizadoras. Él se dio vuelta y se levantó en su tumba mientras Marie hablaba. Triste, triste...

"¿Qué tal una coliflor?", dije. "Una coliflor con salsa blanca".

"Pero son tan caras, madame", se lamentó Marie. "Tan caras. Una pequeña coliflor por 2 francos con 50. Es un robo, es...".

De repente vi la luna a través de la ventana de la cocina. Era tan maravillosamente hermosa que salí de la cocina, atravesé el jardín y me apoyé en el portón incluso antes de saber qué estaba haciendo. Los fríos barrotes del portón me detuvieron. La luna era llena, transparente, refulgente. Pendía sobre el mar que suspiraba. La miré por un largo rato. Luego me volví y la casita estaba frente a mí... una casita blanca que se estremecía con la luz, una casa como una vela que brilla detrás de una rama de mimosa. Me había olvidado por completo de estas cosas cuando estaba ordenando la cena. Volví a la cocina.

"Tengamos una coliflor a cualquier precio", dije con firmeza.

Y Marie murmuró, inclinándose sobre una cacerola –¿podía ella haber entendido?–: "¡*En effet,* los tiempos son peligrosos!".

Niños expósitos

"¿Nadie quiere ese trozo de pan con manteca?", dice L. M. Uno pensaría realmente, por su tono, que ella estaba salvando a la pobrecita criatura del río o peor, que estuviera por adoptarla como su propio hijo y criarlo de modo tal que nunca supiera que una vez no fue deseado. Ella no puede soportar ver solitarios trocitos de pan con manteca o pasteles, incluso un terrón de azúcar que alguien haya dejado cruel, despiadadamente en su plato. Y cuando uno le ofrece a ella la gran torta, dice en tono resignado: "Oh, bien, querida, la probaré", como si supiera cuán sensibles y fáciles de herir fueran los sentimientos de la torta si se la pasa por alto. Después de todo, eso no puede herir a L. M.

L. M. también es marcadamente afecta a las bananas. Pero las come con tal parsimonia, con tal terrible lentitud. Ah, ellas lo saben, de alguna manera comprenden qué les aguarda cuando L. M. tiende la mano. He visto bananas que se ponen completamente lívidas de terror, o que se ponen pálidas, pálidas como cenizas.

El beso

...La besé. Su piel me pareció fría, pálida, suave. Pensé en monjas que han orado toda la noche en frías iglesias... Todo su color, su color y su pasión ella los había ofrecido en la plegaria, en antiguas y frías iglesias... Estaba fría, severa, pálida; la luz titilaba en sus ojos como la luz de las velas; su falda estaba brillosa por el uso sobre sus puntiagudas rodillas; olía débilmente a incienso. "No, padre. Sí, padre. ¿Cree usted, padre?". (Pero aún no he dicho lo que deseaba decir). 18 de octubre de 1920.

La muñeca

"¡Bien, mira!", murmuró la señorita Gorrión.[13] "No tengo de qué avergonzarme. Mira tanto como quieras. Te desafío. Eso es todo lo que he deseado toda mi vida", exclamó con voz quebrada, "y ahora lo tengo. Te desafío. ¡Desafío al mundo!". Y se incorporó frente a la ventana, orgullosa, orgullosamente, con ojos que centelleaban, los labios relucientes. Apretó la muñeca contra el pecho chato. Era la Madre Soltera.

13 Ver entrada del 24 de enero de 1922.

Por supuesto, no puedo *escribir* eso. Me sorprende haber hecho una nota tan mal acabada. Ésa es la idea básica, como se suele decir. Lo que debería hacer, sin embargo, es escribirla, *de alguna manera*, inmediatamente, aunque no sea buena como para que se publique. Mi falla principal, mi abrumadora falla es *no escribirla*. Bien, eso ahora lo sé (y la enfermedad es muy antigua), ¿por qué no comienzo, al menos para seguir un tratamiento definido? Es mi experiencia que cuando se reconoce un "mal", toda demora en el intento de erradicarlo resulta fatalmente debilitadora. Y yo, que amo el orden, con mi manía por lo "limpio", porque cada cosa esté bien arreglada... ¡sé que existe un punto tan feo en mi mente! La maleza florece en la negligencia. Debo mantener mi jardín abierto a la luz y en orden. A toda costa debo plantar estos bulbos y no dejarlos (¡oh, vergonzoso!) que se pudran en los senderos del jardín. Hoy (18 de octubre de 1920) es lunes. He levantado la mano derecha y he jurado. ¿Alguna vez soy feliz, salvo cuando soluciono dificultades? Nunca. ¿Alguna vez estoy libre de la sensación de culpa? Nunca. Cuando terminé el borrador de *La joven*, ¿no se produjo un momento que supera a todos los otros? Oh, sí. Entonces... ¿por qué dudas? ¿Cómo puedes? Lo juro. No pasará un solo día sin que escriba algo... original.

14 de diciembre. El bebé quedó cubierto de manchas de tinta y sirvió como recordatorio durante días de las cosas que ella había olvidado decir y de las cosas que pudo haber dicho de manera diferente.

El gatito

"Él solía sentarse aquí, y a veces en el sendero, más abajo, se sentaba un gatito amarillo y blanco de cara pequeña achatada. Se sentaba muy quieto y su pequeña sombra puntiaguda daba a un lado...".

"Ese gatito nunca corría en línea recta. Serpenteaba por el sendero, evitando las matas de pasto, se arrastraba a veces junto al cerco, a veces hacia el lado de un montículo de desperdicios, y sus pequeñas patas parecían tocar el suelo con tanta suavidad como era posible, como si temiese que lo siguieran... que rastrearan sus pasos".

No lo diré así. Esto es sólo una nota. Pero, ¡ah, mi querido, cuántas veces he observado tu silencioso andar! Siempre te recordaré, mi gatito, mientras hacías tus correrías por este mundo en movimiento.

Cuando Jean-Paul estaba desvestido, su tórax era como una pequeña caja de cañas combadas. Y ella odiaba verlo. "¡Cúbrete!". Y él se apresuraba a meter los brazos en su camisa de lana.

¿Por qué sufrir?

"No quiero que seas otra que tú misma...".

"Pero si soy yo misma no haré lo que me pides que haga... Siento que eso me está forzando. No soy yo; no es mi *gesto*.

Se miraron y por alguna razón sonrieron, realmente *sonrieron*.

"Real y verdaderamente no sé qué quiero hacer. La vida no es tan simple como todo eso, tú sabes...".

Y la música siguió, alegre, sedante, reconfortante. Todo irá bien, decía la música. La vida es tan fácil... tan fácil. ¿Por qué sufrir...?

Esta es la música de cuando entran los elefantes y beben de botellas. Luego viene el payaso, se lleva las botellas y bebe él también.

La última sala de espera

Se debe escribir un relato acerca de la sala de espera de un médico. Las puertas de cristal con el sol que las atraviesa; los árboles del otoño, pálidos y finos; el ciclamino, como cera. Ahora un carro se zangolotea muy cerca.

Pensar en los extraños lugares a los que la enfermedad lo lleva a uno; la extraña gente entre la que uno pasa de mano en mano; la sucesión de caballeros de chaqueta negra a quienes ella le ha susurrado 99, 44, 1-2-3. La última sala de espera. Antes todo había sido tan alegre.

"¿Entonces no cree que mi caso sea desesperado?".

"La enfermedad es antigua, pero por cierto *no* es un caso desesperado". Éste, sin embargo, se reclinó en su silla y dijo: "¿Usted realmente desea saber?".

"Sí, por supuesto. Puede ser muy franco conmigo".

"Entonces, ¡lo soy!".

Llegó el coche y se la llevó, su cabeza hundida en el cuello.

Pero el champagne no fue nada bueno. Debí beberlo porque estaba allí, pero había algo decididamente malicioso en el modo en que las pequeñas burbujas se elevaban hasta el borde, danzaban, estallaban. Parecían estar burlándose de mí.

Sufrimiento

Deseo que se acepte esto como ni confesión.

No hay límite para el sufrimiento humano. Cuando uno piensa: "Ahora he tocado el fondo del mar... ya no puedo ir más abajo", uno se hunde más. Y así es para siempre. El año pasado en Italia pensé: la mínima sombra más y sería la muerte. ¡Pero este año ha sido tanto más terrible que pienso en la Casetta con afecto! El sufrimiento es infinito, es la eternidad. Un remordimiento es el tormento eterno. El sufrimiento físico es... un juego de niños. ¡Tener el pecho aplastado por una gran piedra... uno podría reírse!

No quiero morir sin dejar asentada mi convicción de que el sufrimiento puede superarse. Porque de verdad lo creo. ¿Qué se debe hacer? No tiene sentido lo que se denomina "ir más allá del dolor". Eso es falso.

Uno debe *rendirse*. No resistirse. Aceptarlo. Dejarse abrumar. Aceptarlo por completo. Convertirlo en *parte de la vida*.

Todo lo que aceptamos realmente de la vida experimenta un cambio. Así, el sufrimiento debe convertirse en Amor. Éste es el misterio. Eso es lo que debo hacer. Debo pasar del amor personal al amor más grande. Debo darle a la totalidad de la vida lo que le di a uno. La presente agonía pasará... si no mata. No durará. Ahora soy como un hombre al que le han arrancado el corazón... pero... ¡hay que soportarlo... hay que soportarlo! Tanto en el mundo físico como en el espiritual, el dolor no dura para siempre. Sólo que es tan agudo ahora. Es como si hubiese ocurrido un accidente espantoso. Si puedo dejar de revivir toda la conmoción y el horror del dolor, si dejo de recordarlo, me pondré más fuerte.

Aquí, por una extraña razón, surge la figura del doctor Sorapure. Él era un buen hombre. Me ayudaba no sólo a soportar el dolor, sino que sugería que quizá la enfermedad física fuera necesaria, fuera un proceso reparador, y siempre me decía que consideraba cómo el hombre solo desempeñaba solamente una parte en la historia del mundo. Mi dolor simple y amable era puro de corazón, como Chéjov. Pero para estas enfermedades, uno es el propio médico. Si el "sufrimiento" no es un proceso reparador, yo lo convertiré en tal. Aprenderé la lección que enseña. Éstas no son palabras vanas. Estos no son los consuelos del enfermo.

La vida es un misterio. El dolor que atemoriza se atenúa. Debo dedicarme a mi trabajo. Debo poner mi agonía en algo, cambiarla. "La pena se convierte en alegría".

Es perderse de manera más total, amar más profundamente, sentirse parte de la vida, no separado.

¡Oh, Vida! Acéptame... hazme digna... enséñame.

Escribo eso. Levanto la vista. Las hojas se mueven en el jardín, el cielo está pálido, y me sorprende a mí misma llorando. Es duro... es duro hacer una buena muerte...

Vivir... vivir... eso es todo. Y dejar la vida sobre esta tierra como la dejaron Chéjov y Tolstoi.

Después de una terrible operación, recuerdo que cuando pensaba en el dolor de estar toda tendida, me ponía a llorar. Cada vez volvía a sentirlo, y era insoportable.

Eso es lo que se debe controlar. ¡Extraño! Las dos personas que quedan son Chéjov, muerto, y el indiferente doctor Sorapure. Esos son los dos hombres buenos que he conocido.

19/12/1920　　　　　　　　　　　　　　Katherine Mansfield

En la bahía

Por fin el blanco puerto capta el reflejo y las gaviotas que flotan sobre el agua temblorosa centellean como sombras dentro de una perla.

[Ver "Seis años después"].

El perro de la casa sale de su casita arrastrando la pesada cadena y bebe el agua que se conserva fresca en el cubo de hierro. El gato de la casa emerge de la nada y salta a la ventana de la cocina, esperando su ración de leche caliente de la mañana.

[Ver "En la bahía"].

Niños en la mañana

¡Niños! ¡Niños!
Oh, no. No todavía. Oh, no puede ser la hora. Márchense. No me levantaré. Oh, ¿por qué iba a levantarme?
¡Niños! ¡Niños!
Los llaman las frías y jóvenes sirvientas.
Pero ellos simplemente no pueden levantarse. Simplemente deben hacer un sueñecito más, el mejor de todos, el cálido, suave, querido conejito de un sueño... déjame abrazarlo un minuto más antes de que se marche a los saltos.
Dulces niñitas acurrucadas, de las que sólo un manojo de bucles aparece sobre la sábana superior; alargados y pálidos muchachitos cuyos pies sobresalen; otros pequeños tendidos sobre el estómago que hunden la cabeza sobre la almohada; cuerpecitos cuyo cabello recién cortado parece surgir en un haz; niñitas de espaldas, con los puños apretados, las ropas de la cama de cualquier manera, un pie suspendido; niñas con trenzas o caracoles de papel blanco en lugar de cabellos... Y ahora se oye el sonido de agua que cae y todos esos cuerpos cálidos y juveniles, los tiernos y expuestos muchachitos y las firmes y compactas ni-

ñitas, están extendidos dentro de bañeras y encrespan sus hombros dejando caer gotas brillantes como les encanta hacer a los pájaros con sus alas...

Sonidos precipitados. Muchachitos de cabellos embadurnados, cuellos limpios y botas nuevas marchan de la sala de los niños hasta el vestíbulo y el armario de debajo de las escaleras, donde penden las carteras del colegio. Furiosas voces jóvenes que gritan: "¿Quién ha *robado* la goma que estaba en mi caja de lápices?".

Entre dientes acusan a las estólidas y jóvenes sirvientas que llevan las tazas de caldo: "Tú tienes que ver con esto. ¡Ladrona! ¡Espía!".

El extraño

"Tú te encuentras en la antigua posición de tratar de cambiarme. Y me niego a ser cambiada. No cambiaré. Si no siento estas cosas... no las siento y ahí termina todo".

Por un momento él se quedó ahí de pie, frío, frígido, asiendo el picaporte de la puerta, con la vista fija no en ella sino sobre la cabeza de ella. Parecía un extraño que hubiese abierto su puerta por accidente y sintiera la necesidad, por una u otra razón, de explicar el accidente antes de volver a cerrarla y de salir de la vida de ella para siempre.

Té liviano

"Acabo de participar de la más triste de las cosas... una taza de té *liviano*". ¡Oh, por qué debe ser liviano! Cuánto más patético es oír a alguien que dice, mientras lo sirve ante uno: "Me temo que esté más bien liviano". Uno se siente tan mal de aprovecharse del té hasta que se vuelva un poco más fuerte. Tomo la taza; parece temblar... susurrar "¡cobarde!". Confieso que nunca puedo oír a una persona decir en un té (en ese tímido murmullo tan conocido, como si fuesen vergonzosamente conscientes): "*Muy* liviano para mí, por favor", sin que me asalten deseos de estallar en lágrimas. No es que el té fuerte me guste desesperadamente... No, que sea moderado, pero un té que sirva. El té muy fuerte parece devolverle a uno el penique... en la tetera, por el sabor.

De tanto en tanto, Fred hablaba en sueños. Pero aun así se podía decir que era tranquilo... Ella solía despertarse y de repente le oía decir: "necesita un par de tornillos" o "prueba la otra hoja", pero nunca más que eso.

El cambio

Por un largo tiempo ella dijo que no deseaba cambiar nada en él, y lo decía de verdad. Sin embargo, odiaba algunas cosas de él y deseaba que fueran diferentes. Pero decía que no deseaba cambiar nada en él y lo decía de verdad. Y las cosas oscuras que había odiado, ahora le resultaban indiferentes. Luego dijo que no deseaba cambiar nada en él. Pero ahora lo amaba tanto que hasta le gustaban las cosas oscuras. Las deseaba allí; no era indiferente a ellas. Sin embargo, eran oscuras y extrañas pero ella las amaba. Y fue por esto que ellos habían esperado. Cambiaron. Se despojaron de su oscuridad, se levantó la maldición y en adelante brillaron como príncipes reales una vez más, como criaturas de la luz.

Los ríos de la China

Ella estaba sentada en el extremo del diván abotonándose las botas. Su cabello corto y esponjoso formaba un marco alrededor de la cabeza. Lucía una camisola de lienzo y un par de pantaloncitos escarolados.

"Malditos estos botones", dijo, mientras tironeaba de ellos. Y de repente se enderezó y clavó el abotonador en el diván.

"Oh", exclamó, "ojalá no me hubiese casado. Ojalá hubiese sido exploradora", Y luego dijo, en tono soñador: "Los ríos de la China, por ejemplo".

"Pero, ¿qué sabes tú de los ríos de la China, querida?", pregunté yo. Porque mamá no sabía nada de geografía: sabía menos que un niño de 10 años.

"Nada", convino ella. "Pero puedo imaginar la clase de sombrero que usaría". Guardó silencio por un momento. Luego agregó: "Si papá no hubiese muerto yo habría viajado y entonces casi con seguridad que no me habría casado". Y me miró como en sueños... miró a través de mí, en realidad.

Montañas nevadas

¿Has notado qué acicaladas se ven esas montañas que están cubiertas de nieve todo el año? Parece como si esperaran que yo les tenga un temor reverencial. Parece ser que nunca les entra en su tonta cima la duda de si no es bastante triste estar siempre por encima de la sospecha.

Mentes cultivadas

Una mente tan cultivada en realidad no me atrae. La admiro, aprecio todos "les soins et les peines" que han entrado en su formación, pero me deja fría. Después de todo, la aventura ha terminado. Ahora no queda nada por hacer salvo recortar, podar y preservar, tareas todas levemente deprimentes. No, no, la mente que amo aún debe poseer lugares salvajes, un huerto enmarañado donde las ciruelas oscuras caigan sobre el pasto alto, un bosquecillo muy arbolado, la posibilidad de una o dos serpientes (serpientes reales), un lagunajo cuya profundidad nadie haya sondeado, y senderos entre florcitas plantadas por la mente. También debe poseer escondites *reales*, no artificiales, ni belvederes ni laberintos. Y aún no he conocido la mente cultivada que no haya tenido sus arbustos. Odio y detesto los arbustos.

Permíteme recordar, cuando escribo, aquel violín, cómo sube ligeramente y se desliza hacia abajo con tristeza; cómo *busca*...

Con encaje banco, el extendido velo y las perlas, ella parecía una gaviota. Pero una gaviota rápida y hambrienta con un apetito absolutamente insaciable de pan. "Ven a alimentarme.

¡Aliméntame!", decía esa rápida mirada. Era como si toda su vitalidad, sus gritos, sus movimientos, sus vueltas, dependieran de la persona del puente que llevaba el pan.

El viaje de "The Bugle"

No, no, dijo la señorita P., eso realmente no es justo. Me gustan los libros serios. Bien, no sé cuándo he gozado tanto con un libro como con... con... ¡Caramba! ¡Qué absurdo! Lo tengo en la punta de la lengua... algo de Darwin... Un momento, ya lo estoy recordando... La declinación y la caída de Darwin... No, no, ése no era. No es ése. ¡Hum! Sabes cómo es... es como si lo tuviera ante los ojos y sin embargo... ¡Lo tengo! ¡El origen del hombre, de Darwin!... ¿Pero era ése? ¿Sabes que ahora no estoy segura? Me parece que sí, y sin embargo me resulta poco familiar. Esto es de lo más extraordinario. Y sin embargo me gustó tanto. Había una nave. ¡Ah! Esto me ha hecho recordar. ¡Por supuesto, claro! Ése era. ¡El viaje de "The Bugle"[14] de Darwin!

"La mère de Lao-Tse a conçu son fils rien qu'en regardant filer une étoile".

27 de diciembre. Cuando inserté el pequeño dibujo en el lado del marco del espejo, comprendí que el sello, la marca, el *cachet rouge*, había sido puesto en el cuarto. Entonces se había convertido en el cuarto de los dos, y ya no más el cuarto de ella. No es que el cuarto fuera apagado antes, ¡pero había ganado en vida! Luego llegó el pequeño ramo de mandarinas, el frasco de goma sobre el escritorio, la pluma insertada en el pelo de Ribni,[15] los anteojos de carey sobre el encaje de la China.

---

14 El título de la obra de Darwin es: *Viaje alrededor del mundo en el "Beagle"*. (N. del T).

15 "Ribni" era una muñeca japonesa perteneciente a K.M., que la llamaba así por el "Capitán Ribnikow", el espía japonés que es el héroe de la notable historia de Kuprin así titulada.

El "orden" en que vivo no ha cambiado, pero se ha enriquecido; de una manera extraña, se ha ampliado.

Éste es *en effet* justamente el efecto de su mente sobre la mía. ¡Misteriosa justeza de nuestra relación! Y todas esas cosas que él impone sobre mi mente me placen tanto que me parecen *naturales*. Es todo parte de ese sentimiento de que él y yo, diferentes más allá del sueño de la diferencia, somos no obstante un *todo orgánico*. Somos, como dije ayer, los dos lados de la medalla: separados, distintos, y sin embargo forman una. No siento que necesite de otro para satisfacer mi ser, pero al tenerlo a él poseo algo que sin él me faltaría. Aparte de todo lo demás, en realidad cada uno es el *crítico* del otro, porque él me "ve", yo me veo reflejada como más de lo que aparezco y sin embargo no más de lo que *soy*, y creo que ocurre lo mismo con él. Así, estar juntos, aparte de todo lo demás, es *un acto de fe en nosotros mismos*.

Acabo de salir al jardín. Está estrellado y el tiempo es bueno. Las hojas de la palmera son como plumas que apuntan hacia abajo; el césped parece suave, irreal, como musgo. Se oía el mar y estaba repicando una campanita, y uno imaginaba –¿era real, era imaginario?– que se escuchaba un cuerpo de sonido, que se percibían todos los preparativos para la noche dentro de las casas. Alguien trae comida desde el patio oscuro con manchas de luz. Se prepara la comida de la noche. Se parte el carbón, se disponen los platos; hay un suave movimiento en las escaleras y en los pasajes y puertas. En crepusculares habitaciones donde las persianas están cerradas, las mujeres, graves y quietas, pasan las cuentas y se ocupan de que haya agua en las jarras. Los niños están durmiendo...

¿Siempre ocurre que mientras se mira a una estrella se cree que todas las otras están danzando, centelleando, cambiando de lugar, casi jugando un juego adrede para azorarlo a uno? Es extraño que haya veces en que siento que las estrellas no son nada *solemnes*; son secretamente alegres. Lo sentí esta noche. Me senté en la silla de caña y me apoyé contra la pared. Pensé en él, contenido en la casita contra la cual me apoyaba, al alcance, donde podía llamarlo. Recordé que había una época en que ese pensamiento era una distracción. ¡Oh, puede haber sido una dulce distracción... pero distracción al fin! Disminuía mi capacidad de trabajo... yo, por así decirlo, hacía de él mi cuento. Pero eso pertenece al Pasado... Es una época superada.

1921

La pregunta

Enero. ¿Sabe uno alguna vez? Uno nunca sabe. Ella comprendía qué tonto sería formular la pregunta: "¿En qué estás pensando?". Sin embargo, si no la formulaba, nunca estaría segura de que él no estuviese pensando en... Aunque lo preguntara, ¿cómo podría estar segura de que él no inventaría la respuesta?

[Una carta no enviada].

Tus cartas me sonaron a insinceras; no creí en ellas. La gente no escribe esas cosas; sólo cree que lo hace, o las lee en los libros. Pero la vida real está en un plano totalmente distinto. De no estar enferma, igualmente me hubiera retirado del mundo por mi aborrecimiento de la insinceridad. Me hace sentir espantosamente incómoda e infeliz. Pude haber respondido tu carta en la misma vena y "aceptarla", sabiendo tú cómo la aceptaba y yo sabiendo que tú sabías... pero eso no habría durado. Hubiera sido otra relación *cul de sac*. ¿De qué hubiese servido eso para los dos?

Tú ves, para mí la vida y el trabajo son dos cosas inseparables. Sólo siendo honesta con la vida puedo ser honesta con el arte. Y ser honesto con la vida significa ser *bueno, sincero, simple, honesto*. Creo que esa gente te ha dado una idea equivocada de mí, tal vez. Me gusta amar sólo a mis amigos. No tengo tiempo para nada que sea menos precioso. La amistad *es* una aventura; ¿pero estamos de acuerdo acerca del significado de la palabra "aventura"? ¡Eso es tan importante! Es ahí donde creo que reñiríamos. Si tú hubieses subido a *nuestro* barco, ¿nos hubiésemos entendido?

No debes pensar que sea "prejuiciosa" o injusta. No lo soy. Sin embargo, me gustaría que fuese posible; pero no puedo, y no voy a simular. Sepamos primero real y verdaderamente dónde estamos. Seamos francos y no nos ocultemos nada.

14 de enero. "¡Ser feliz contigo parece tal imposibilidad! Ello requiere una estrella más afortunada que la mía. Nunca será... El mundo es demasiado brutal para mí". (Keats a Fanny Brawne, agosto de 1820).

(¿Febrero?) Le travail, mème mauvais, vaut mieux que la rêverie.

"Pero no veo por qué debe importarte tanto", dijo ella por centésima vez. "No entiendo qué es lo que objetas. Ni siquiera parece que la gente te notara. ¡Dios mío! Siempre los veo desde... desde...". Se interrumpió. "Y parece tal desperdicio, además. Ahí está, en el vestíbulo, sin hacer nada. Me parece tan ingrato, cuando te lo han prestado, que ni siquiera lo pruebes. ¿Por qué no dices algo?".

Ella se estaba ajustando el sombrero frente al espejo de la sala. La chaqueta deportiva y los guantes estaban sobre una silla. Y como él tampoco respondió, hizo un gesto de fatiga y de desesperanza ante el espejo que significaba: "¡Otra vez estamos de mal humor!".

"Si por casualidad es en mí en quien estás pensando", dijo ella rápidamente, mientras tomaba con violencia la chaqueta...

Aquí está Marie con la comida. Y deberé soportarla hasta que haya terminado. Pero eso no es lo importante: lo que sí importa es que hoy no he escrito nada que valga un centavo. He pasado el día en una especie de ociosidad. ¿Por qué? ¿Lleva tanto empezar otra vez? ¿Es otra vez mi antigua falta de voluntad?

¡Oh, no debo ceder! Esta noche, después de la comida, debo hacer algo. No es tan terriblemente difícil, después de todo. ¿Y cómo voy a llevar mi *buena vida* si acepto pasar aunque sea un solo día en la ociosidad? No puede ser. *Control*... de toda clase. ¡Qué fácil es carecer de control en las cosas pequeñas! Y una vez que se carece de control, los pequeños malos hábitos, tal vez ínfimos, se elevan como maleza y ahogan la voluntad. Eso es lo que descubro.

Mi carácter está malo; mis hábitos personales no están por encima del reproche; soy poco afable... mentalmente desprolija. Dejo pasar cosas que no entiendo (¡imperdonable!) y me disculpo a mí misma, invento pretextos para no trabajar. Pero, mi deseo de estar ociosa, ¿es mayor que mi deseo de trabajar? ¿Es mi amor por el ensueño mayor que mi amor por la acción? ¡Hábito traicionero! ¡Hábito malo por encima de todos los otros, y antiguo! Debo abandonarlo de inmediato o perderé mi propia estima... El que falla en las pequeñas cosas no lleva a cabo las grandes cosas. Hasta mi caligrafía. A partir de este momento también ella debe cambiar. Después de la comida debo iniciar mi Diario y llevarlo día a día. Pero, ¿*puedo* ser honesta? Si miento, no sirve.

[*Me reuní con Katherine Mansfield en febrero de 1921, cuando The Athenæum cesó en su publicación separada. A comienzos de mayo, K.M. partió de Mentone a Suiza, mientras yo volvía a Inglaterra para dar clases en Oxford, reuniéndome otra vez con ella en Sierre a fines de mayo. Después de unos días fuimos a vivir a Montana en un chalet amueblado ("Chalet des Sapins"). Por algunas semanas el corazón de K.M. le ocasionó grandes dolores en esa altura*].

5 de mayo. Ginebra: Salle d'attente. La nieve parece una luz plateada sobre las cimas de las montañas.

En la luz fría y verdosa, los ríos anchos e inmóviles parecen sólidos, y la tierra agrietada y pálida, con frutales blancos como ramas de coral, parecía agua.

Más tarde. El reloj de la estación.

[Una carta no enviada].

El *Tig Courier*, señor, es un periódico semanal que paga 950 libras por año por un artículo, tan personal como sea posible, cuanto más íntimo mejor.
Durante tres días el Editor ha estado esperando su copia. Esta noche ella recibió una tarjeta escrita en un tren; pero eso fue todo. Quiere decirle a ella
a) Sus razones para retenerla (tan sutiles como desee) o
b) Cuándo puede ella esperarla.
Dirección: Tig, Stillin, Bedfordshire.

[Una carta no enviada].

Estimada B. No puedo decirte cuán contenta estoy de enterarme de que vuelves a bailar, "aunque delicadamente", como tú dices.

¡Mira! ¡Qué dulcemente las Gracias acompañan al
   instrumento!
Danzan diestramente y su canto es suave en su alegría.

Eso significa que estás realmente mejor. No vuelvas a enfermarte. ¿No es horrible estar enfermo? Me paso todo el día en mi vieja galería comiendo huevos y crema y manteca sin otra compañía que un jilguero. Debo decir que el jilguero es un gran cordero. Es dócil y oscuro y esta mañana, después de la lluvia, vino a buscar su porción de Huntley and Palmer con una gotita titilante de lluvia sobre la cabeza. Nunca vi a nadie que pareciera tan tonto y tan hermoso. Suiza está llena de pájaros, pero en su mayoría son rechonchos pájaros alemanes que han volado de un catálogo de Appendrodt. ...Pero todo Suiza está del lado de los rechonchos...

[Una carta no enviada].

Camino y camino alrededor de esta carta, pisando con la punta de los pies y con mi cola al aire; no sé dónde ubicarme. Hay tanto que decir y el día es tan bueno. Bien, acá va, querida.

El viaje a Ginebra fue muy rápido. Mi relojito parecía correr con el tren. Llegamos en algún momento después de la 1 y fui y me senté en un sillón de terciopelo verde mientras L. M. se encargaba de las cosas. Supongo que esperamos mucho allí; no pareció mucho. Desde esta mañana muy temprano esas montañas que recordaba de la última vez ahí... enormes, brillantes, con nieve que parece luz plateada sobre las cimas. No había nada de viento y aunque el aire era frío, estaba fresco como en la primavera. En realidad (quizá tú comprendas que estoy poniéndome freno) era delicioso. Sólo respirar era suficiente. Luego subimos a un ómnibus-tren que se meneó alrededor del lago, deteniéndose en cada pequeña estación. Había alemanes en el coche; en realidad, yo estaba encajada entre alemanes, grandotes: *Vater und die Mama und Hänse*. Cada vez que veíamos un arbusto de lilas, ellos gritaban : ¡*Schön*! Eso era muy *mundo antiguo*. Había también un aviso en el coche que decía que la compañía previsoramente había dispuesto un *cabinet*. Ellos habían leído en voz alta, primero Vater, luego die Mama y después el pequeño Hänse.

Llegamos a Clarens en el momento en que el reloj de la estación (que era un reloj de cucú, eso me resultaba tan tremendamente conmovedor, ¿a ti no?) daba las 7, y un automóvil, como un molinillo de café, giró rápidamente por los campos hasta Baugy. Oh, caramba, tú te das cuenta de que te estoy contando lo esencial. El *bordado* deberé dejarlo por ahora. El hotel hasta ahora es simplemente admirable. Demasiado limpio. Muy bien arreglado no es lo que le corresponde, pulcro tampoco. Incluso las ramas de lilas blancas de mi cuarto estaban recién salidas del lavadero. Tengo dos cuartos y un balcón. Y tantas montañas que aún no he comenzado a escalarlas. Son soberbias. Betsy, las vistas desde las ventanas, con campos, chalets que parecen hongos, lagos, árboles y luego las montañas, son abrumadoras. También lo es el juego de terciopelo verde y raso rosado del salón, con jarras de cobre y un cuadro en la pared que se titula *Jugendidylle*. Más de esto más adelante.

Aquí pretendo ser una dama de corazón débil y pulmones de cuero español. Parece ser que lo aceptan por el momento. Bien, tomé la cena en mi cuarto: consommé, pescado con salsa de crema, pavo asado, papas nuevas, *laitue* guisada y dos pequeños *babas* con crema. Debí rechazar el pavo con su guarnición. Aun así...

Saint-Galmier es reemplazada por Montreux,[16] que según dice la etiqueta, está saturada con gas de ácido carbónico. Pero mi libro de fisiología decía que ése era un veneno mortal y que nosotros sólo lo despedíamos con nuestro aliento; nunca, a menos que estuviésemos desesperados, lo inhalábamos. Sin embargo, según los doctores Ritter, Spingel y Knechtli, es maravilloso para los cálculos y hace que el agua burbujee como el champagne. Estos son los Misterios Menores...

8 de junio. Por primera vez desde la guerra hablé en alemán. "¿Wollen Sie fragen ob man warten kann?". Etcétera. Fue simplemente extraordinario. ¿Por qué?

Julio. Montana. He decidido una cosa. Y es *no dejar rastros*. Hubo una época –no hace mucho– en que yo hubiera escrito *todo* lo que ha ocurrido desde que partí de Francia. Pero ahora deliberadamente prefiero no decirle nada a ningún ser viviente. Guardo silencio como Mamá guardaba silencio. Y si bien hay momentos en los que el antiguo hábito me "tienta" y puedo llegar hasta a escribir una página, esos son sólo momentos, y cada día son más fáciles de vencer.

Chalet des Sapins, Montana. Por ahora no digo una palabra acerca de mi traicionero corazón. Si se va a detener, se detendrá, y nada más. Pero ya he estado en esta casita por casi dos días y ni una sola vez se ha aquietado. ¡Qué manera espantosa de vivir! ¿Pero qué sentido tiene decir algo? No, alma mía, quédate tranquila...

10 de julio. Y ahora, cuando me sentía un poco mejor y estaba menos preocupada por mi *cabeza* y mi corazón, la glándula se ha inflamado y también todo el tejido que la rodea. Parece como si se estuviera formando un absceso. Así que acá tengo otro *temor.* Y con esto tengo uno de mis extraños ataques en los que me siento nauseada todo el tiempo y no puedo soportar la luz ni

---

[16] Saint-Galmier y Montreux son ambas aguas minerales.

el ruido ni el calor ni el frío. ¿Superaré esto también? Pero no es fácil hallar el coraje para enfrentar estas embestidas...

13 de julio. Fui al Palace y me hice punzar la glándula. Es poco probable que salven el pellejo. Estoy segura, por lo que siento, que no, y que este asunto sólo está comenzando. Volveré al Palace antes de que termine la semana. Entretanto, estoy agotada y no puedo escribir un solo *trazo*.

Bien, debo confesar que he tenido un día ocioso. Dios sabe por qué. Todo debía ser escrito, pero simplemente no lo escribí. Pensé que podía, pero me sentí cansada después del té, y en cambio descansé. ¿Es bueno o malo de mi parte comportarme así? Tengo una sensación de culpa, pero al mismo tiempo sé que descansar es lo mejor que puedo hacer. Y por alguna razón tengo una especie de zumbido en la cabeza, que es horrible. Pero aún me persiguen las marcas de la degradación terrenal. No soy clara como el cristal. Por encima de todo, aún carezco de dedicación. No está bien. Hay tanto que hacer y yo hago tan poco. La vida sería casi perfecta aquí si sólo cuando *simulo* trabajar estuviera trabajando. Pero con seguridad no es demasiado duro. Ahí están los cuentos que esperan y esperan ante el umbral. ¿Por qué no los dejo entrar? Y el lugar de ellos serían tomados por otros que están acechando un poco más atrás, que aguardan su oportunidad.

El día siguiente. Pero tomemos esta mañana, por ejemplo. No quiero escribir nada. Está gris, pesado y triste. Y los cuentos parecen irreales e indignos de realización. No quiero escribir; deseo *vivir*. ¿Qué quiere decir ella con eso? No es fácil saberlo. ¡Pero ahí tienes!

Extraño ese hábito mío de ser locuaz. Y no me propongo que otros ojos que no sean los míos lean esto. Esto es... *realmente privado*. Y debo decirlo... nada me proporciona el mismo alivio. Lo que siempre pasa, si continúo lo bastante: me *desbordo*. Sí, es como arrojar piedras planas y muy anchas a la corriente. Pero la cuestión es por cuánto tiempo resultará esto eficaz. Hasta ahora, confieso, nunca me ha fallado...

Un sentido de la importancia de los pequeños sucesos es muy *juste* acá. No son nada importantes... ¡Extraño! De repente me encontré fuera de la biblioteca en Wörishofen: primavera, lila, *lluvia*, libros encuadernados en negro.

Y sin embargo me gusta este día tranquilo y nublado. Suena una campana a la distancia; los pájaros cantan uno tras otro como si llamaran a través de las copas de los árboles. Me encanta esta quietud establecida, y esta sensación de que en cualquier momento puede caer la lluvia. Donde el cielo no es gris, es de un blanco plateado, salpicado por pequeñas nubes. La única característica desagradable del día son las moscas. Son realmente enloquecedoras y en verdad no hay casi nada que hacer con ellas: siento eso acerca de casi todo.

La camarera

Ella tenía una inmensa cantidad de pelo recogido en la parte superior de la cabeza y varios anillos grandes, que por su aspecto reluciente daban la seguridad de que se trataba de anillos de compromiso.

Por sobre todos los olores de la cocina, odio el de las costillas de cordero. Es, de alguna manera, un olor tan grosero. Me recuerda a los viajantes de comercio y a los neozelandeses de segunda clase. Me pararé frente a la casa y golpearé, y cuando se abra la puerta entraré corriendo sin hacer caso a la sirvienta y llamaré a quien esté allí.

¿Dirías desperdiciado? No, no realmente. Algo se recoge. Este tiempo tranquilo acerca.

Julio. Ayer terminé "El señor y la señora Dove". No estoy satisfecha con ese cuento. Es un poco artificioso. No es inevitable. Quiero decir que esos dos pueden no ser felices juntos, que ésa es la razón por la que se casa una muchacha joven. ¿Pero, lo he hecho? No creo. Además, no tiene suficiente *fuerza*. Quiero estar más cerca... mucho, mucho más cerca que eso. Deseo emplear toda mi fuerza aunque tome una línea fina. Y tengo la secreta noción de que, al final, he utilizado a los Dove *injustamente*. *Tu sais ce que je veux dire*. Los utilicé para redondear... ¿verdad? ¿Es ése mi objetivo? No, no lo es. No es la clase de verdad que me interesa. Ahora para *Susannah*. Todo se debe sentir *profundamente*.

¿Pero qué se puede hacer con esta maldita escena del gato y el ratón? ¡Ahí está mi dificultad! Debo tratar de escribir esta tarde. ¡No hay razón para que no lo haga! Ninguna, salvo los efectos secundarios del dolor en un organismo debilitado.

23 de julio. Ayer terminé "Una familia ideal". Me parece mejor que los Dove, pero aún no es suficientemente bueno. Trabajé mucho en él, Dios lo sabe, y sin embargo no extraje de la idea la verdad más profunda, ni siquiera una vez. ¿Qué *es* este sentimiento? Vuelvo a sentir que esta clase de conocimiento es demasiado fácil para mí; es, incluso, una especie de ardid. Sé mucho más que eso. Eso parece y huele a cuento, pero yo no lo compraría. No deseo poseerlo, vivir con él. NO. Una vez que haya escrito dos más, abordaré algo diferente, una historia larga: "En la bahía", con relaciones más difíciles. Ése es todo el problema.

"Del bolsillo del impermeable ella extrajo una bolsa que abrió, revisó y sacudió. Sus cejas estaban arqueadas, sus labios apretados...

"Y una larga horquilla para el pelo, de un brillante azul negro, que centelleaba sobre la gastada alfombra...

"Ella se estremeció. Y ahora, cuando miraba la fotografía de él, incluso la flor blanca de su ojal parecía como si estuviese hecha con un rizo de grasa de cordero...

"Y ella vio al señor Bailey, con delantal azul, de pie en la parte posterior de uno de esos horribles negocios. Tenía una mano sobre la cadera y la otra asía el mango de un largo cuchillo que estaba clavado en una gran tabla de picar. Detrás de él pendía un grupo de pequeños conejos, sus patas atadas juntas, un oscuro coágulo de sangre temblando en las narices...".

18 de julio. Esta mañana, el ruido de esta casa es un verdadero infierno. He continuado desde poco después de las 6 y por alguna razón la sirvienta parece haber perdido la cabeza por completo. Ya son casi las diez y aún no ha retirado la bandeja del desayuno. Debo ir otra vez al Palace a las once y la consecuencia es que estoy bastante nerviosa. Y he tenido que arreglar las flores y encargarme de varias cosas, como la lavandería. Casi no puedo soportarlo. Ahora ella sube laboriosamente. ¡Bang! Estará ante la puerta en un instante. No sé cómo soportarlo si esto continúa. Ella está acá. Está por poner las cosas en el ascensor. ¿Cuáles son sus pensamientos? No lo sé ni me importa. Pero deseo tanto un pequeño cuarto privado donde pueda trabajar sin perturbaciones. La galería no es suficiente; y tampoco lo es este *salon*. También aquí J. me ha ganado. Y no es ni la mitad de importante para él...

Una bienvenida

Y dado que, cuando tú llegas de improviso, tan a menudo hay un brillo frío en los ojos de ella que significa: "Me puedo arreglar perfectamente con las sábanas, pero las mantas con seguridad van a ser un problema", me gustaría que te recibiera en la puerta una criatura que lleve una lámpara no demasiado luminosa, porque será naturalmente muy entrada la noche, y que cante, mientras tú estás en el porche de jazmines:

No temas, la casa está llena de mantas,
Rojas y blancas, hermosas más allá del sueño,
Con sus guardas, sus borlas, de lana de camello,
Más suave que el sueño o el pecho de un cisne.

[En la mitad del manuscrito de Su primer baile*].*

25 de julio. ¡Todo esto! Todo lo que escribo, todo lo que soy... está al borde del mar. Es una especie de juego. Quiero poner *toda* mi fuerza en él, pero de alguna manera no *puedo*!

Completa alegría era todo el campo, y primoroso,
Y pulverizado como los hombres lo habían pintado

Con muchas flores frescas y variadas
Que despiden un perfume bueno y fuerte.

[De una carta no enviada].

Es un día frío y extraño. Apenas si puedo moverme. Esta mañana decidí escribirle a S. acerca del tratamiento suizo Spahlinger: si puede ser bueno para mí, etcétera. Y te cablegrafiaré a ti mañana, para pedirte que vayas a ver a S. Di lo que quieras. Pero hazle saber que soy prácticamente una inválida incurable. He tratado de explicarle acerca del dinero; no le he pagado, y he pometido hacerlo en cuanto pueda...

Agosto. "He estado escribiendo una historia sobre un anciano".

Ella parecía vaga. "Pero creo que no me gustan los ancianos... ¿y a ti?", preguntó. "*Transpiran tanto*".

Eso me horrorizó. Parecía tan infernalmente mezquino, y más que eso... era la expresión de una pequeña mente vulgar.

Más tarde: Creo que era timidez.

11 de agosto. No sé cómo escribiré esta próxima historia. Es tan difícil. Pero supongo que lo haré. El problema es que tengo un frío tan infernal.

[La "próxima historia" era "El viaje". El manuscrito terminado tiene fecha del 14 de agosto de 1921].

[De una carta no enviada].

Hubiese escrito antes una tarjeta, pero he estado –estoy– enferma, y hoy es el primer día que tomo una lapicera. He tenido un ataque de lo que el médico llama enteritis aguda. Creo que fue envenenamiento. Fiebre muy alta y descompostura y disentería y todo lo demás. *Horrible*. Ayer decidí ir al Palace, pero hoy pienso que me arreglaré aquí. J. es muy amable en las tareas menores de enfermero y yo no he podido comer nada salvo leche caliente, de modo que Ernestine no puede someterme a sus atrocidades. ¡Pobre criatura, parece mucho más estúpida que nunca! ¡Quema todo! Nos deja sin huevos y ayer por la tarde se fue de paseo sin saludar. Ni sabíamos que se había marchado.

Amor

Agosto. Una idea repentina de la relación entre "amantes".

No somos ni hombre ni mujer. Somos un compuesto de ambos. Elijo al varón que desarrollará y expandirá al varón en mí; él me elige para expandir a la mujer que está en él. Nos "completamos". Sí, pero ése es un proceso. Por amor, servíos unos a otros... Y el porqué de que elija a *un* hombre para esto antes que a muchos: seguridad. Nos unimos dentro de un círculo y ese círculo es, de alguna manera, una pared contra el mundo exterior. Es nuestro refugio, nuestro asilo. Aquí no se verificarán los ardides de la vida. Aquí hay *seguridad* para que nosotros podamos *crecer*.

¡Pero, hablo como una niña!

29 de agosto. "¡Si sólo pudiera llevar todo mi jardín cuesta arriba hasta sus puertas!". El perfecto gesto pequeño de ella cuando decía eso.

El candelabro

[Una carta imaginaria].

Muchas gracias por tu insípida carta. En cuanto al candelabro, querida, si recuerdas, yo te lo regalé a ti para tu último cumpleaños. Sin duda, te hizo acordar de mí. Lo he guardado con su papel y pienso devolvértelo con una linda notita en tu próximo cumpleaños. ¿O primero te lo envío como temprano regalo de Navidad y tú me lo devuelves como un regalo tardío de Navidad, o para Año Nuevo? Las Pascuas las dejaremos pasar. Sería un poquito excesivo en Pascuas. Me pregunto cuál de nosotras lo poseerá al final. Si lo tengo yo, te lo dejaré en mi testamento, como corresponde, y creo que sería muy hermoso de tu parte, Camilla, el deseo de que lo entierren contigo. Además, la mente de uno desfallece ante la idea de un candelabro que dé vueltas para siempre en el tiempo y el espacio... ¡un *fliegende* candelabro, en realidad!

He estado sufriendo de un soplo al corazón. Una enfermedad tan molesta, pero no peligrosa. Realmente, para algo que es tan doloroso creo que preferiría que se le agregara una pizca de peligro. El primer acto fue causado por un ataque de risa.

Setiembre. Setiembre es diferente de todos los otros meses. Es más mágico. Siento que el extraño cambio químico en la tierra que produce hongos es la causa, también, de esa "vida" extra en el aire: una animación, una chispa. Durante días el tiempo ha sido igual. Uno se despierta para ver afuera los árboles bañados por una luz dorada verdosa. Está fresco, pero no demasiado. Está claro. El cielo es de un celeste puro. Durante la mañana, el sol llega a ponerse caliente. Hay una bruma sobre las montañas. Ocasionalmente aparece una ardilla, corre hacia arriba por el tronco de un pino, toma un cono y se sienta en el ángulo de una rama, sosteniéndolo como una banana. De tanto en tanto un pajarito, que pende invertido, pica las semillas. Hay un constante resonar de campanas en el valle. Sigue todo el día, desde temprano hasta tarde.

Mediodía... con largas sombras. Caluroso y tranquilo. Y sin embargo, está siempre ese sabor de moras en el aire, antes que el perfume de una flor. ¿Pero qué se puede decir de las tardes? ¿De los atardeceres? ¿El rosado, el oro en las montañas, las sombras que aumentan rápidamente? Pero pronto hace frío, aunque un frío hermoso.

Setiembre

[*Lo que sigue aparece en medio de un manuscrito no publicado e inconcluso titulado "A la luz de la luna". "Karori" era la "novela" de la que, en un momento dado, debían formar parte Preludio y En la bahía. Pero luego la idea fue abandonada, ya que K.M. comprendió que su "novela" sería tan diferente de una novela que no tendría sentido considerarla tal].*

¡Me he atascado de manera indescriptible y otra vez me parece que lo que estoy haciendo no tiene *ninguna* forma! Debería terminar mi libro de *cuentos* primero y luego, cuando me lo haya sacado de encima, dedicarme tranquilamente a *mi novela, Karori.*

Por qué debería estar tan apasionadamente decidida a disimular esto, en verdad no lo sé. Pero aquí miento, simulando, como Dios sabe cuántas veces lo he hecho antes, escribir. ¿Y si renunciara a esa simulación y realmente lo intentara? Si sólo escribiera media página por día... sería media página para bien; y al menos estaría acostumbrando a mi mente al desempeño regular. Tal como están las cosas, cada día me aparto más de mi meta. Y una vez que terminara ese libro, estaría libre para iniciar el verdadero. Y es una cuestión de dinero.

Pero mi idea, incluso del cuento, ha cambiado bastante últimamente... ¡Eso fue una suerte! J. abrió la puerta suavemente y en apariencia yo estaba ocupada de verdad... Y no, suficiente de esto. Ha servido su propósito. Me ha devuelto a los carriles correctos.

[Esta nota está al final de mismo manuscrito].

Esto no es malo, pero al mismo tiempo no es bueno. Es demasiado fácil... Ojalá pudiese volver a N. Z. por un año. Pero no puedo ahora. Aunque no veo por qué no en un par de años.

[Una carta no enviada].

13 de octubre. Estimado *Amigo.* Me gusta su crítica. Está bien que no le hayan gustado esas cosas mías. Porque fui descuidada y falsa. No era *sincera* en esos tiempos. Pero ya hace bastante que estoy tratando de "extirpar al esclavo de mi alma"... Sólo deseo hacérselo saber.

Oh, estoy en la mitad de un lindo cuento ("La fiesta en el jardín"). Ojalá le guste. Lo estoy escribiendo en este libro de ejercicios, del que me aparto un minuto para escribirle a usted.

Gracias por la dirección. No puedo ir a París antes de la primavera, de modo que creo que sería mejor que no escribiera hasta entonces. Siento que este ligero tratamiento es el adecuado. No es que esté enferma en la actualidad. De ninguna manera soy una inválida.

Este es un día soleado, ventoso... muy bello. Hay un suave murmullo en los árboles y los pajaritos vuelan por el aire por el simple placer de saltar de un lado al otro.

Adiós, estrecho su mano. ¿Le disgusta la idea de que nos escribamos de tanto en tanto?
Katherine

[Al final del manuscrito de "La fiesta en el jardín"].

Este es un cuento moderadamente logrado, y eso es todo. Está un tanto descuidado en el episodio del callejón.

El nuevo bebé

Es de noche, tarde, muy oscura, muy quieta. No se ve ni una estrella. Y ahora ha empezado a llover. Qué felicidad es oír la lluvia de noche; jubiloso alivio, placer; un susurro y un apaciguamiento y una ternura meditabunda, todo se funde en el sonido de la lluvia que cae rápidamente. Dios, que mira hacia abajo la tierra lluviosa, ve qué débiles son estas luces que brillan en las pequeñas ventanas, qué fácilmente se apagan...

De pronto, pasos rápidos y fuertes suben la escalera de piedra. Alguien se apresura. Se oye un golpe en mi puerta y al mismo tiempo un rostro enrojecido e iluminado se asoma, y Ernestine anuncia: "Él ha nacido".

"¡Nacido!".

"¡Él ha nacido!".

Oh, Ernestine, no te vayas. No temas. Déjame llorar a mí también.

Deberías conservar esto, mi muchacha, como *advertencia*, para recordar cuán sensiblera puedes ser.

16 de octubre. Otro día radiante. J. está copiando a máquina mi último cuento, "La fiesta en el jardín", que terminé el día de mi cumpleaños (14 de octubre). Me llevó casi un mes "recuperarme" de "En la bahía". Hice por lo menos tres falsos comienzos. Pero no podía salir del sonido del mar y Beryl desplegando su pelo ante la ventana. Esas cosas se negaban a disiparse. Pero ahora no estoy nada segura acerca de esa historia. Me parece que es un tanto fatua... no lo que pudo haber sido. "La fiesta en el jardín" es mejor. Pero tampoco es lo bastante buena...

Estos últimos días lo que se nota más que nada es el azul. Cielo azul, montañas azules, ¡todo es de un azul celestial! Y nubes de toda clase: alas, nubes blancas y suaves, islitas doradas casi duras, grandes falsas montañas. El dorado se torna más profundo en los declives. En realidad, es la perfección.

Pero la última hora de la tarde es el momento de los momentos. Entonces, frente a esa belleza extraterrenal, no es difícil comprender cuánto se debe avanzar. Escribir algo que sea digno de esa luna que se eleva, esa luz pálida. Ser "simple", como uno sería simple ante Dios...

27 de octubre. Historias para mi nuevo libro.

N.Z. *Honestidad*: El doctor, Arnold Cullen, su esposa Lydia y Archie, el amigo.

L. *Segundo Violín*: Alejandro y su amigo en el tren. Primavera, lluvia intensa. *Lila húmeda.*

N.Z. *Seis años después*: Una esposa y un esposo a bordo de un buque de vapor. Los fríos botones. Ven a alguien que los recuerda.

L. *La vida como leños a la deriva*: Ésta quiere ser una historia larga, bien escrita. Los hombres son importantes, en especial el hombre más pequeño. Necesita una buena cantidad de trabajo... oficina de periódico.

N.Z. *Un corazón débil*: Ronnie montado en su bicicleta al atardecer, *haciendo maravillas*, junto a aquel árbol oscuro en la esquina de May Street. Eddie y Ronnie.

L. *Viudez*: Geraldine y Jimmie: una casa que da a Sloane Street y Square. Luciendo esos pimpollos sobre el pecho. "Casada o no casada...". De otoño a primavera.

N.Z. *Nuestra Maude*: Marido y mujer interpretan dúos y ¡uno, dos, tres!¡uno, dos, tres! Los chalecos blancos de él. ¡Esposa y esposo! ¡Qué niña eres!

N.Z. *En Karori*: La pequeña lámpara. La he visto. Y luego estuvieron en silencio. (*Finito*: 30 de octubre de 1921).

¡Ojalá que *mi* silencio fuese sólo de dos minutos!

Octubre. Me pregunto por qué debe ser tan difícil ser humilde. No creo ser una buena escritora: me doy cuenta de mis fallas mejor que cualquier otra persona. Sé exactamente dónde fallo. Y sin embargo, cuando he terminado una historia y he empezado otra, me sorprendo a mí misma *componiendo* mis plumas. Es desalentador. Parece haber algún orgullo malo y antiguo en mi corazón; una raíz que saca un grueso vástago a la menor provocación... Esto interfiere mucho con mi obra. No se puede ser calmo, claro, bueno como se debe, mientras eso dura. Miro las montañas, trato de orar y pienso en algo *inteligente*. Es una especie de excitación interior, que no debería ser. Cálmate. Despéjate. Todo lo que escriba en ese estado de ánimo no será bueno; estará cargado de *sedimento*. Si estuviese bien, saldría sola y me sentaría bajo un árbol. Se debe aprender, se debe practicar *olvidarse* de uno mismo. No puedo decir la verdad sobre tía Anne a menos que esté libre para mirar su vida sin conciencia de mí misma. ¡Oh, Dios! Sigo dividida. Soy mala. Fallo en mi vida personal. Caigo en la impaciencia, el mal carácter, la vanidad, y así fallo como tu sacerdotisa. Tal vez la poesía me ayude.

Acabo de limpiar y de arreglar mi lapicera fuente. Si después de esto sigue perdiendo, ¡no es una dama!

13 de noviembre. Es hora de que inicie un nuevo diario. Ven, mi ausente, mi desconocido, conversemos. Sí, en las dos últimas semanas no he escrito casi nada. He estado ociosa; he *fallado*. ¿Por qué? Muchas razones. Ha habido una especie de confusión en mi conciencia. Ha parecido como si no hubiera tiempo para escribir. Las mañanas, si son soleadas, las ocupo con el tratamiento de sol; el correo se devora la tarde. Y por la noche estoy cansada.

"Pero todo eso va más adentro". Sí, tienes razón. No he podido ceder a la clase de contemplación que es necesaria. No me he sentido pura de corazón, ni humilde, ni buena. Ha habido una agitación de sedimento. Miro las montañas y no veo más que montañas. ¡Sé franca! Leo basura. Caigo en la escritura de cartas. Quiero decir que me rehúso a cumplir mis obligaciones, y esto por supuesto que me debilita en todo sentido. Luego, no he cumplido mi promesa de criticar los libros para The Nation. Otro *punto negro*. ¿Descontrolada? Sí, eso lo describe... disipada, vaga, nada *positiva*, y por encima de todo, sin trabajar como debería estar trabajando... perdiendo tiempo.

Perdiendo tiempo. El viejo grito... el primero y el último grito: ¿Por qué te demoras? Ah, ¿por qué, en verdad? Mi más profundo deseo es ser una escritora, tener "un cuerpo de trabajo" hecho. Y allá está el trabajo, allá me esperan las historias, que *se cansan*, se marchitan, se desvanecen, porque yo no voy. Y las oigo y las *reconozco*, y sin embargo sigo sentada ante la ventana, jugando con la pelota de madera. ¿Qué se debe hacer?

Debo hacer otro esfuerzo, de inmediato. Debo empezar todo de nuevo. Debo tratar de escribir simplemente, completamente, libremente, desde el corazón. "En calma", sin que me importe nada el éxito o el fracaso, sino realizando.

Debo llevar este libro para tener un registro de lo que hago cada semana. (Aquí una palabra. Mientras releía las pruebas de "En la bahía", me pareció chato, aburrido, de ninguna manera un logro. Me sentí muy avergonzada de él. Lo estoy). ¡Pero ahora hay que decidirse! Y en especial mantener el contacto con la Vida... con el cielo y esta luna, estas estrellas, estos picos fríos y cándidos.

16 de noviembre. Ir a Sierre, si esto continúa así... o a... o a...

21de noviembre. Desde entonces (esto es, desde la escritura de la entrada del 16 de octubre de 1921) sólo he escrito "La casa de la muñeca". He sufrido un mal hechizo. Comencé dos historias, pero luego las conté y ellas se sintieron traicionadas. Es absolutamente fatal ceder a esa tentación... Hoy empecé a escribir, seriamente, "El débil corazón", una historia que me fascina *profundamente*. Lo que creo que necesita tan peculiarmente es una variación muy sutil de "tiempo" del presente al pasado y luego otra vez al presente, y suavidad, ligereza, y la sensación de que todo está en flor, con un juego de humor sobre el personaje de Ronnie. Y el clima de los Baños de Thorndon, la humedad, la transpiración... no, sé cómo debe hacerse.

¡Ojalá sea digna de escribirla! ¡Señor, hazme transparente como el cristal para que la luz brille a través!

24 de noviembre. Estos últimos días he estado terriblemente rebelde. Deseosa de algo. Me siento desarraigada. Deseo cosas de las que J. puede prescindir tan fácilmente, que no son naturales para él. Las deseo. Pero entonces, más fuerte que todos estos deseos está el otro, que es el de *realizar*, antes que todo. Cuanto antes estén escritos los libros, más pronto estaré bien, más pronto mis deseos estarán en condiciones de satisfacerse. Esa es la pura verdad, por supuesto. En realidad, considero este confinamiento forzado como un regalo de Dios. Pero, por otra parte, debo aprovecharlo al máximo rápidamente. No es más ilimitado que cualquier otra cosa. Oh, ¿por qué... oh, por qué nada es ilimitado? ¿Por qué me preocupa cada día de mi vida la proximidad de la muerte y su inevitabilidad? Soy realmente morbosa en ese punto. Y no puedo hablar de eso. Si lo converso con J., lo hago sentir infeliz. Si no se lo participo, tengo que combatirlo sola. Estoy cansada de la batalla. Nadie sabe cuán grande es mi cansancio.

Esta noche, cuando la estrella vespertina brilló por la ventana lateral y las montañas se veían tan hermosas, me senté a pensar en la muerte. En todo lo que había que hacer... en la Vida, que es tan hermosa... y en el hecho de que mi cuerpo es una prisión. Pero ese estado mental es *malo*. Sólo reconociendo que yo, siendo lo que soy, debí sufrir *esto* para hacer el trabajo por el que estoy aquí. Sólo reconociendo esto, estando agradecida de que no se me haya quitado el trabajo, de que me recuperaré. Soy débil cuando debo ser fuerte.

Y hoy, sábado, menos que nunca. Pero no importa. He progresado... un poco. He comprendido *qué* se debe hacer, la extraña barrera a cruzar de pensarlo a escribirlo... Daphne.

[En la página siguiente comienza el manuscrito inconcluso de "Daphne"].

[Notas sobre Shakespeare]

Todo está bien cuando termina bien

Conviene atender al Primer Lord. Se podría pensar que sus parlamentos y los del Segundo Lord son intercambiables; pero él es un personaje muy definido. Tomemos, por ejemplo, la charla entre ambos en el Acto IV, escena III. El Segundo Lord le pide que guarde reserva acerca de lo que va a decirle.
Primer Lord: "Cuando usted lo haya dicho, estará muerto y yo seré su tumba".
Y luego su comentario:
"Qué poder tenemos a veces para consolarnos por nuestras pérdidas".
Y esto es excelente:
"La tela de nuestra vida es de hilado mixto, bueno y malo juntos; nuestras virtudes se sentirían orgullosas si nuestras fallas no las castigaran; y nuestras fallas desesperarían si no las alentaran nuestras virtudes".
Me gusta muchísimo ese temple, ¿y no revela al hombre? Desilusionado y sin embargo divertido, mundano pero al mismo tiempo con sentimientos. Lo veo vivo, lleno de Vida, y maravillosamente cómodo con su compañía, su ambiente, su propia condición, y toda la pequeña y sólida tierra. Es como un hombre a bordo que se esparranca sólo para demostrar (pero no para *alardear*) lo bien que sus piernas se adecuan al movimiento.

El Payaso –"un astuto bribón y un infeliz"– viene a informarle a la condesa la llegada de Bertram y sus soldados.

"En verdad, hay una docena de ellos, con finos sombreros y muy bellas plumas, que saludan e inclinan la cabeza ante cada hombre".

En esas palabras está todo el encanto de los soldados montados en caballos que corvetean, danzan y parecen tintinear. Es un verdadero pequeño espectáculo. Con qué aire el altanero (e intolerable) Bertram luce sus adornos de terciopelo, con qué desdén su mano calzada en el guante francés de encaje blanco se ajusta sobre la rienda tensa de su corcel plateado. Maravillosamente soleado, con una pequeña brisa. Y el Payaso, por supuesto, ve el humor de ese engreimiento...

Parolles es una criatura encantadora, un bravo gorrión de rufián.

..."Estoy ahora, señor, enturbiado en el ánimo de la Fortuna, y huelo un tanto fuerte a su enorme desagrado".

Debo decir que Helena es una mujer que espanta. ¡Su virtud, su persistencia, sus afanes por el odioso Bertram (¡y disfrazada de peregrina... tan típico!) y luego narrarle toda la historia a aquella *buena* viuda! Y aquel pez dócil de Diana. En cuanto a tenderse en la cama de Diana y gozar de los abrazos destinados a ésta... bien, no conozco nada más repugnante. Haría falta una mujer respetable para hacer tal cosa. Lo peor de esto es que puedo imaginar muy bien... por ejemplo actuar exactamente de esa manera y darle a Diana un regalo después. ¿*Qué* taza de té debieron gozar la viuda y D. mientras eso tenía lugar? ¿O es que a último momento D. habrá deseado deshacer el acuerdo? ¡Pero perdonar a tal mujer! Sin embargo, Bertram estaba dispuesto. Hay una especie de ingenuidad maternal en él que lo torna lo bastante estúpido para cualquier cosa.

El Anciano Rey es un viejo raro... parece tener la manía de dar esposos. Como si un fiasco no fuese suficiente, en cuanto Diana se lo ha explicado, él comienza:

"Si tú eres aún una flor fresca y no cortada
Elígete a tu esposo y yo pagaré la dote".

Creo que Shakespeare debe haber visto el humor de eso. En el último momento de la obra, le da aliento al viejo tonto.

Hamlet

Coleridge acerca de Hamlet. "Él pone en práctica ese sutil ardid de simular que actúa cuando está muy cerca de ser lo que actúa".

...De modo que todos empezamos por actuar y cuanto más próximos estamos a lo que seríamos, más perfecto es nuestro *disfraz*. Finalmente llega el momento en que *ya no actuamos*, y que puede tomarnos por sorpresa. Podemos mirar azorados nuestro plumaje ya no prestado. Ambas cosas se han fundido; lo que nos pusimos se ha unido a lo que estaba; la actuación se ha convertido en acción. El alma ha aceptado esa librea como propia después de un tiempo de pruebas y de aprobación.

Actuar... vernos en la parte... hacer un gesto más amplio que el que sería nuestro en la vida... declamar, pronunciar, incluso exagerar, para persuadirnos (?) o persuadir a los otros (?), ¿Para ponernos en el corazón? Hacer más de cuanto es necesario para que podamos realizar *ce qu'il faut*.

Y luego Hamlet es solitario. La persona solitaria siempre actúa.

Pero yo podría escribir mil páginas sobre Hamlet.

Escena de locura. Si se la observa con frialdad, en realidad es muy pobre. Para su efecto depende por completo de la fatua Ofelia. El Rey y la Reina, acartonados, por supuesto son sólo espectadores. No les importa ni medio centavo. Creo que la Reina interiormente está bastante sorprendida de uno o dos versos de las canciones... ¿Y quién puede creer que se marchitó una violeta solitaria cuando murió aquella vieja y tonta pomposidad? ¿Y quién puede creer que Ofelia realmente lo amaba, y que no estaba agradecida de pensar qué pacífico sería el desayuno sin sermones?

El discurso de la Reina tras la muerte de Ofelia resulta exasperante para el sentido de la verdad poética. Si nadie lo vio mientras ocurría, si no se la encontró hasta que estuvo ahogada, ¿cómo sabe la Reina cómo sucedió? El estimado Shakespeare ha estado en la Academia... para su retrato.

Miranda y Julieta

Decir que Miranda y Julieta podrían muy bien ser una sola, me parece que demuestra una lamentable falta de percepción. La inocente y primitiva Miranda, esa bella isla que aún está semidormida en una bruma dorada... y sobre la que baten pequeñas y rápidas alas de amor... Y la pequeña y frágil Julieta, recostada sobre la oscuridad... una flor que se vuelve hacia la luna y se cierra, renuente, con el frío del amanecer. No es ni siquiera su primavera. Es su tiempo de soñar; demasiado temprano para el amor. Hay una primavera que llega antes que la primavera real y también hay un amor... un falso amor. Está encarnado en Julieta.

Romeo y Julieta

Cuando la vieja nodriza cacarea acerca de apoyarse contra la pared del palomar es como si un haz de luz penetrara las cortinas y la descubriera sentada allí al calor. Uno siente positivamente el calor de la pared soleada...

Noche de Reyes

La de Malvolio "o... juega con alguna rica joya". Habla el envidioso corazón servil que codicia las posesiones de su amo. Lo veo acariciando la tela con un suspiro mientras guarda la chaqueta del amo, sosteniendo a la luz o junto a sus dedos la joya antes de guardarla en su caja de marfil. Veo al sirviente imitando la expresión del amo cuando se mira en el espejo del amo.

Y que... "habiéndome levantado de día de la cama donde dejé a Olivia durmiendo". ¡Oh, no revela eso los pensamientos de todas esas extrañas criaturas que sirven a otros!

Antonio y Cleopatra

Acto I. Escena I.
"Los triples pilares del mundo...".
"El amplio arco del extendido imperio...".
"Esta noche vagaremos por las calles y observaremos
Las cualidades de la gente". (Eso es tan de *verdad* un placer de amantes).

Acto I. Escena II.
"Un romano creyó que lo había golpeado...".
"Ah, entonces producimos malezas
Cuando nuestras rápidas mentes yacen quietas...".

Enobarbo me sorprende constantemente, p. ej., sus primeros parlamentos con Antonio acerca de la celeridad de Cleopatra para morir:
"Vuestra vieja bata produce nuevas enaguas".

Acto I. Escena III. Como Escena II. (1) "¿Viste a mi señor?". (2) "¿Dónde está?". La mujer casada. ¡Esos son celos! ¡Y luego la furia de ella porque él no está más azorado ante la muerte de Fulvia! "¡Ahora sé cómo te comportarás cuando yo muera!".
Estas son hermosas líneas de Antonio:

"Nuestra separación tanto permanece y huye
Que tú, residiendo aquí, sin embargo te vas conmigo,
Y yo, que de aquí parto, acá quedo contigo".

Acto I. Escena IV.
"Como el alga vagabunda sobre la corriente
Que va y viene, a merced de la marea fluctuante,
Para podrirse con el movimiento".

¡Maravillosas palabras! Puedo aplicarlas. En ellas hay un cuento. Y luego parece que el alga queda atrapada y se hunde; se pierde en el mar. Pero llega un día, una marea igual, una ocasión igual, ¡y reaparece asquerosamente podrida! ¿Hay cartas? ¿Ninguna carta? ¿El correo? ¿Me extraña? No. Entonces, empújalo todo hacia el mar. ¡Limpia el agua para siempre! Déjame escribir este día.

Acto III. La breve escena entre Antonio y el Adivino es muy notable. Explica el tono de las observaciones de César a Antonio... Y el parlamento final de Antonio demuestra su incomodidad ante la verdad de esas palabras. Él irá a Egipto. Irá adonde su debilidad es elogiada como potencia. Hay un deseo de Egipto entre líneas.

Escena V. "Peces de aletas atezadas... sus brillantes mandíbulas...". Y los adjetivos parecen parte de los sustantivos cuando los usa Shakespeare. Los favorecen tan bellamente, los acompañan y los adornan tan modestamente, y sin embargo con tal habilidad. Con tanta frecuencia ocurre entre los escritores menores que seamos más conscientes de los sirvientes que de los amos, y nos olvidemos por completo de que su oficio es servir, ampliar el poder del amo.

"Desliza tus fructíferas noticias en mis oídos
Que por largo tiempo han estado estériles".

¡Buenas líneas! Y otro ejemplo de la elección del lugar de las palabras. Supongo que sería instintivo. Pero "fructíferas" parece estar exactamente donde debe estar para ser resuelta (musicalmente hablando) por la palabra "estériles". Uno lee "fructíferas" esperando "estériles" casi desde el "sentido del sonido".

"'Pero sin embargo' es como un carcelero que traerá
a algún monstruoso malhechor".

¡En verdad hay sustancia ahí! ¿No da eso la pausa que siempre sigue a esas odiosas palabras? "Pero sin embargo"...y uno espera. Y las palabras miran hacia la puerta que se abre lentamente. ¿Qué está por salir? Y a veces hay luego un suspiro de alivio. Bien, no era nada tan espantoso. El ratón de la prisión, por así decirlo, se acerca y se limpia la cara con la mano.

"Estoy pálida, Charmian".

Me recuerda a Mary Shelley. "Byron nunca había visto a alguien tan pálido como yo".

"Ya que yo misma
Me he dado la causa".

¿Qué significa eso, exactamente? ¿Qué ella envió a Antonio? ¿O que dejó que Antonio se marchara?

"Al elogiar a Antonio he despreciado a César...
Y ahora recibo el pago por ello".

Una criatura como Cleopatra siempre espera que le paguen cosas.

1922

1º de enero. Soñé que navegaba a Egipto con Abuela... en un buque muy blanco.

Frío, quietud. El ventarrón de anoche hizo caer casi toda la nieve de los árboles; sólo quedan grandes copos que parecen congelados. En el bosque, donde la nieve es espesa, los rayos de luz parecen un fuego pálido.

He dejado sin hacer aquellas cosas que debí haber hecho y he hecho aquellas cosas que no debí hacer, p. ej., violenta impaciencia con L. M.

Escribí "El nido de las palomas" esta tarde. No estaba con ánimo de escribir; parecía imposible. Pero cuando hube terminado tres páginas, estaban muy bien. Ésta es una prueba (que no puede probarse a menudo) de que una vez que se ha elaborado una historia, sólo queda por realizar el *parto*.

Wing Lee[17] desapareció durante el día. Leí los poemas de W.J.D. Me siento mentalmente muy cerca de él.

Deseo recordar cómo la luz desaparece de un cuarto, y uno desaparece con ella, es *borrado*, al estar sentado quieto, con las rodillas juntas, las manos en los bolsillos...

2 de enero. Pajaritos redondos en el abeto de la ventana lateral, que exploran el árbol en busca de comida. Corté en pedacitos un trozo de pan, pero aunque las migas cayeron sobre las ramas, sólo dos las encontraron. Había una extraña lejanía en

---

[17] Wing Lee, alias Wingley, era el gatito blanco y negro de K.M. Wing Lee era su nombre original. Fue tomado de una canción cómica del gran repertorio de K.M.: "Wing Lee compró un reloj el otro día, sólo porque marcaba el ritmo del 'rag-time'".

el aire, la escena, la piada invernal. A la noche, por primera vez desde... me sentí descansada. Me senté en la cama y descubrí que estaba cantando en silencio. Hasta el sonido del viento es distinto. Es jubiloso, no ominoso y negro. La oscuridad se asoma por la ventana y es sólo negra oscuridad. Por la tarde llovió, y los hilos de lluvia caían oblicuamente.

No he hecho el trabajo que debía hacer. Eludo la fiesta. Eso es muy malo. En realidad, estoy disgustada conmigo misma. Debe haber un cambio a partir de ahora. Lo que admiro profundamente en Jane Austen es que aquello que promete lo cumple, por ejemplo, si sir T. tiene que llegar, tenemos su prolija llegada, y es excelente y supera nuestra expectativa. Esto es raro; es también mi punto más débil. Es fácil ver por qué...

3 de enero. Soñé que estaba en el Strand Palace... habiéndose casado M.D. –gran rubia– vestida con enormes cantidades de raso blanco.

Había mucho más nieve esta mañana; era muy suave, "como lana". El coco fue comprado, cortado por la mitad y colgado del balcón de J. La leche salía tintineante del coco en gotas muy brillantes... no era leche blanca. Esta fue una sorpresa grande. La carne del coco es muy agradable, de un blanco tan puro. Pero fue ese líquido dulce, parecido al rocío, la maravilla. ¿De dónde venía? Lo llevaba a uno a la isla.

Leí *La tempestad*. Llegaron los periódicos. Los leí excesivamente. Decir la verdad: no trabajé. En verdad, estuve más ociosa y odiosa que nunca. Llena de pecado. ¿Por qué? "Oh, despierta de tu sueño común". Y lo peor es que me siento tanto mejor de salud. ¡Es una vergüenza! *La tempestad* me parece sorprendente esta vez. Cuando se lee otra vez la misma obra, nunca es la misma obra.

4 de enero. Soñé con M.S. Un sueño importante: su tono era importante. La galería sobre el mar y mi "¿No es hermoso?" y su fatigado "Sin duda". La definición de él de las dos clases de mujer...

Pero no fui tan malvada hoy. He leído bastante de *Cosmic Anatomy* y la entendí mucho mejor. Sí, ese libro me fascina. ¿Por qué J. lo odia tanto?

Tener una idea de la relación de las cosas… seguir esa relación y descubrir que se mantiene vigente a través de los siglos, amplía mi pequeña mente como ninguna otra cosa. Es sólo una visión mayor de la psicología. Me ayuda con mi trabajo, por ejemplo, saber que calor + bollo puede significar Tauro, Pradhana, sustancia. No, eso no es realmente lo que me atrae; es que las reacciones a ciertas causas y efectos han sido siempre las mismas. ¡No fue por nada que Constantia[18] eligió la luna y el agua, por ejemplo!

Leí Shakespeare. La nieve es más densa, se adhiere a las ramas como cachorros blancos recién nacidos.

5 de enero. Un largo y típico sueño en un buque. Como de costumbre, yo iba a N.Z. Pero por primera vez mi madrastra era *muy* amistosa, muy agradable. Yo la amaba. Un sueño trágico con respecto a L. M. Ella desapareció y era demasiado tarde para encontrarla o decirle que volviera *al fin.*

Leí *Cosmic Anatomy.* Conseguí trabajar un poco. Superé las barreras. Ése es un gran alivio. J. y yo pusimos comida afuera para los pájaros. Cuando fui a la ventana, toda la comida había desaparecido, pero estaban las pequeñas impresiones de las patitas sobre el antepecho. J. trajo la mitad del coco y puso miguitas también. Muy pronto, aterrorizado, vino uno, luego otro, después un tercero, y se balancearon sobre el coco. Son preciosos átomos pequeños.

Aún nieva. Creo que odio la nieve, decididamente la odio. Hay algo estupefaciente en ella, una especie de "Tú debes estar peor antes de mejorar", y cae girando. Amo, deseo la tierra fértil. ¡Cuánto he deseado el sur de Francia este año! También ahora.

Sonoramente sermoneé a L. M. acerca del alimento y la ropa. Ella tiene un "complejo" con la comida. J. y yo leímos *Mansfield Park* con gran gusto. Me pregunto si J. está tan contento como se lo nota. Parece demasiado bueno para ser verdad.

6 de enero. El primer cuarto de la Luna. *Jour de fête.* El árbol de Navidad fue desarmado.

---

[18] Una de las hermanas de *Las hijas del difunto coronel.*

Tuve una noche muy mala y no me dormí profundamente como para soñar.

Por la mañana, todo blanco, todo borroso y frío, y la nieve aún cayendo. Mientras esperaba en mi cuarto observé los terribles esfuerzos de un pajarito por atravesar la nieve con el pico y alcanzar la dulce carne del coco. Lo logró. ¿Pero por qué debe esforzarse tanto?

Mi corazón está muy mal hoy. Es el frío. Parece congestionado y me siento incómoda, o más bien, lo está mi cuerpo... horrible sensación. Toso.

Leí Shakespeare, *Cosmic Anatomy*, The Oxford Dictionary. Escribí. Pero no lo suficiente.

Por la tarde W... vino a tomar el té. Sospecho que es tímido, miedoso y profundamente amable. Muy hondo, dentro de esa vasta sustancia, acecha la *semilla*. Eso no es sentimental. Me deseó sol cuando se marchaba. Sentí que su deseo tenía fuerza y era una bendición. Uno no puede equivocarse en esas cosas. ¡Él *está* en sus medias... verde y rojo! J. vino después de esquiar, sumamente buen mozo... un objeto glorioso, nada menos. Nunca vi una figura *más* espléndida.

Tengo puesto el anillo en el dedo mayor como recordatorio de que no debo ser tan vil. Veremos...

7 de enero. Cesó la nieve y apareció un cielo azul genciana casi profundo. La nieve quedó apilada sobre los árboles, grandes burbujas, como crema batida. Hacía mucho frío pero, supongo, estaba muy hermoso. No puedo ver esta nieve más que como algo odioso. Así es.

Mis pájaros han hecho un número de pequeños ataques al coco, que aún está congelado. Leí *Cosmic Anatomy*, Shakespeare y la Biblia. Jonás. Muy agradable acerca de la calabaza, y también su viaje, "pagando el pasaje de eso".

Escribí en mi cuento, pero no terminé la fiesta como debí haber hecho. ¡Qué *mal* que está eso! Tuve una larga charla con L. M. y de repente volví a verla como la figura de una historia. Ella se desdobla en tantas. ¡Podría escribir *libros* con ella solamente!

Tuve un largo sueño. Chummie era joven otra vez, y también

Jeanne. Mamá estaba viva. Atravesábamos muchos cuartos extraños, subíamos en ascensores, descendíamos en salas. Todo era vagamente extranjero.

8 de enero. Toda la noche soñé que visitaba casas, cuartos vacíos, el N° 30, subía y bajaba por ascensores, etcétera.

Pesadamente, más densamente que nunca cae la nieve. Hipnotiza. Uno mira, se pregunta vagamente cuánto ha caído y cuánto caerá y... vuelve a mirar. Vendé los dedos de J. El *Mercury* vino con "En la bahía". Estoy *muy* insatisfecha.

Por la tarde J. y yo jugamos a los naipes con nueces como fichas. Recordé el hecho de que solía jugar tan a menudo con tan intensos... ¡Dios, con qué sentimientos!... en la sala de Carlton Hill mientras T... tocaba el piano. Pero eso no significó absolutamente *nada*. J. me dio una nuez mala y yo le pagué con la misma nuez, fue todo lo que realmente importaba.

Después del té tejimos y charlamos y luego leímos. Estuvimos ociosos, confinados por la nieve. Uno siente que no hay nada que hacer mientras eso continúa.

Recibí una carta de *The Sketch* pidiéndome trabajo. Debo obedecer. J. y yo conversamos ayer de París y él lo entendió muy bien. Esto es una prueba de que se debe ser *calmo* y *explicar* y ser sincero. ¡Recordar eso!

9 de enero. El cerco de la huerta desapareció. H... vino y dijo que había entre seis y siete pies de nieve. Se mostró muy alegre y amistoso. Desprevenido, mientras hablaba de la señorita S... declaró: "Bien, el hecho es que ella no es normal. Y a todo el que no es normal yo lo llamo *loco*. Ella no es nada convencional y la gente que es así no es buena para nadie salvo para sí misma". Cuando dijo "loco", en sus ojos apareció una expresión, un relámpago de pudor, e hizo oscilar el estetoscopio, luego tomó mi abanico y lo abrió.

Leí, tejí y jugué a las cartas. Una larga carta de S. Deseo creer todo lo que dice de mi cuento. Él sí ve lo que quise significar. No lo considera un conjunto de acontecimientos triviales reunidos. Eso es suficiente para que le esté profundamente agradecida, es más de cuanto verán los otros. Pero tengo este continuo deseo de escribir algo que contenga toda mi potencia, mi fuerza.

10 de enero. Soñé que estaba de regreso en Nueva Zelanda.

Hoy me levanté. El día era bueno. El sol brillaba y derritió el último rastro de nieve de los árboles, del techo. Las gotas no eran como las de la lluvia sino más grandes, más suaves, más exquisitas. Me hacían comprender cuánto amo la tierra fértil y odiar ese frío sustituto cubierto de nieve.

Los hombres trabajaban afuera sobre la calle nevada, tratando de levantar el poste del telégrafo. Antes de empezar almorzaron, sentados a caballo en el poste. Es my hermoso ver a la gente que comparte la comida. Cortar pan y pasarlo, en especial cortar el pan de esa manera tan antigua, con una navaja. Después uno trepó a un árbol mientras los otros hacían fuerza para levantar el poste. El que estaba en el árbol se convirtió en una especie de pájaro, como le ocurre a todo el mundo en un árbol: cloqueaba, se reía fuerte, atisbaba entre las ramas, indiferente. ¡*At-tend!* ¡*Ar-rêt!*¡*Al-lez!*

11 de enero. Otra vez en cama. Pinker me comentó que *The Dial* ha aceptado *La casa de muñecas*. Escribí y terminé *Una taza de té*. Me llevó alrededor de 4 o 5 horas. Por la tarde vino M. Se la veía fascinante con su traje negro, algo entre un obispo y una mosca. Habló de mi "bonito cuento" en el *Mercury*. Mientras estuvo acá tuve conciencia de una falsedad. Dijimos cosas que sentíamos: fuimos sinceras, pero detrás no había más que falsedad. Fue muy horrible. No quiero verla ni saber más de ella. Cuando dijo que no vendría a menudo, deseé gritar ¡*Finito!* No, ella no es mi amiga.

No hay sensación que se pueda comparar con la de haber escrito y terminado un cuento. No me acosté, pero nada importaba. Ahí estaba, *nuevo* y *completo*.

Anoche soñé un viaje a América.

12 de enero. Un cruel día frío. Llegó un paquete de M. Pero cuando uno lo compara con el exquisito abrigo de A...

J. y yo "escribimos a máquina". Odio dictar; pero el cuento aún me parece bueno. ¿Lo es?

Todo el tiempo, en el trasfondo de mi mente, ni dormita ni duerme la idea de París, y empiezo a planear qué haré *cuando...* ¿Puede ser cierto? ¿Qué haré para expresar mi agradecimiento? Deseo adoptar un bebé ruso, llamarlo Antón y criarlo como si fuese mío, con K. como padrino y Mme. Chéjov como madrina. Ése es mi sueño.

No me siento tan pecadora hoy como antes, porque he escrito algo y la marea aún está alta. Los antiguos mojones están cubiertos. ¡Ah! ¡Pero escribir mejor! Déjame escribir mejor, más profundamente, más ampliamente.

Funestos carámbanos penden formando un borde fuera de nuestra ventana.

13 de enero. Tuve noticias de B. Su carta fue casi alarmante. Trajo de nuevo el inexplicable pasado. También pasó por mi mente la idea de que ella debe poseer una gran cantidad de cartas mías en las que no soporto pensar. De alguna manera le temo. Le temía en la rue de Tournon. Había una imprudencia peculiar en su manera y en su tono que me hacía sentir que ella no reconocería barreras. Al mismo tiempo, claro, uno queda fascinado.

Le escribí a K. Empecé un nuevo cuento, pero anduvo muy lentamente. J. escribió a máquina por mí. Otra vez estoy detenida por cartas a escribir. Las cartas son la verdadera *maldición* de mi existencia. Odio escribirlas: debo hacerlo. Si no lo hago ahí están: los grandes portones de la culpa que bloquean mi camino.

Vino H. y sugirió que el estado de mi corazón era consecuencia de la incapacidad para expandir el diafragma. ¿Entonces por qué, en ese caso, no aprender a expandirlo?

14 de enero. Hoy me levanté y me sentí mejor. Hacía mucho frío.

Por la tarde vino M. Las dos estuvimos solas. Ella lucía una pequeña capucha azul ajustada debajo del mentón con un cierre de brillante. Parecía un dibujo muy antiguo. Sugirió que si me curaba, podría no seguir escribiendo...

Anoche soñé que estaba en un barco, con las olas más extraordinarias. Eran de un azul profundo, casi violeta, con altas crestas espumosas, y esa espuma blanca se deslizaba sobre el azul en largos rizos. Era una vista maravillosa. El sueño tenía que ver con Chummie. Se había casado con una muchacha sin permiso y papá y mamá estaban desesperados. "Comprendí" qué debía ser; lo que habría ocurrido si él no hubiese muerto.

Wingley se lanzó hoy hacia la ventana llena de pájaros.

15 de enero. Soñé que estaba comprando ropa interior en Cook's y luego en Warnock's.[19]

Pero el sueño terminaba de una manera *horrible.*

Otro día descarnado y frío. Me levanté, pero todo fue difícil. Por la tarde J. bajó por la montaña y volvió de noche con una carta para mí de M.; tan generosa, tan dulce la carta que estoy avergonzada de lo que dije o pensé el otro día.

Hoy he trabajado incómoda, pero ni la mitad de lo que debía. Pude haber escrito todo un cuento. Vi por primera vez un exquisito pájaro de cresta. Su llamado es un gorjeo, una sacudida, delicioso. Pero era muy tímido y nunca tuvo el coraje para detenerse y comer. Vi gente en trineos y toboganes. La nieve es muy *azul.* Esta mañana, al amanecer, los carámbanos tenían el color del ópalo: azul encendido con fuego. M. nos prestó *Will Shakespeare.* ¡Material realmente espantoso! Será mejor que lo tome como una señal.

16 de enero. Un sueño maravillosamente agradable sobre París. Todo iba tan bien. El doctor y sus amigos, todos tenían la misma atmósfera. Era bueno, amable, tranquilamente feliz. No sé cuándo he tenido un sueño más delicioso.

Pero el día no ha sido delicioso. Por el contrario. Nevó mucho, hizo mucho frío, y mi congestión fue peor que nunca. He estado con dolor, incómoda, todo el día. Mi pulmón cruje. No he trabajado. Después del té me fui a dormir por pura inercia. Hoy estoy en un cenagal de desaliento, y como todos los que

[19] Son o eran comercios de Wellington, Nueva Zelanda.

están así, estoy fea, me siento fea. Es el triunfo de la materia sobre el espíritu. Esto no debe ser. Mañana, a toda costa (aquí lo juro) escribiré un cuento. Esta es mi primera resolución... en este diario. No me atrevo a deshacerla. La carta de Tomlinson a J. llegó ayer. Es una hermosa carta, que no debe olvidarse. ¿Pero por qué soy tan *mala*?

17 de enero. Chéjov cometió un error al pensar que, de tener más tiempo, habría escrito de manera más completa, describiendo la lluvia, y a la partera y al doctor tomando el té. La verdad es que se puede entrar sólo hasta *cierto punto* en una historia; siempre hay un sacrificio. Se debe dejar fuera lo que se conoce y se desea utilizar. ¿Por qué? No tengo idea, pero ahí está. Es siempre una especie de carrera poner todo lo posible antes de que *desaparezca*.

Pero, en realidad, el tiempo no entra en eso. Sin embargo, espera. No lo entiendo ni siquiera ahora. Yo misma me siento perseguida por el tiempo. La única ocasión en que me sentí cómoda fue mientras escribia *Las hijas del difunto coronel*. Y al final estaba tan terriblemente triste que escribía tan rápidamente como era posible por temor de morir antes de enviar el cuento. Me gustaría sentir eso, trabajar con *real comodidad*. Sólo así se puede hacer.

18 de enero. H. es un hombre para recordar. En el té ese día. La señora M. ante la gran tetera de plata y los recipientes y los grandes platos. La torta *adornada*; se debe recordar esa torta. "Da tanta pena cortarla" y la manera en que la vieja mano, con tanta calma, asía el cuchillo. H. reclinado en su asiento, golpeando entre sí dos trozos de pan con manteca. "¿Más té, Jim?". "No, gracias. Sí. Media taza". Vertiendo de la tetera a la taza, el grueso dedo en la tapa. "¿Y cómo está él?". "¡Sangrando como un cerdo!". "Oh, caramba —recogiendo el echarpe en su falda— me apena oír eso".

H. siempre colecciona algo... siempre lo hace. Porcelana, plata, "cualquier cosa antigua que aparece". Es musical y colecciona violines. Su sentimiento por sus hijos es tan tierno que es dolor. Él no puede entenderlo.

Se debe recordar, también, su extraordinaria inseguridad. El mundo se mece debajo de él y es sólo cuando tiene ese estetoscopio que puede dejar de lado la ley. *Entonces* sí lo hace. "Lo que digo es: ella es loca. No es normal. Y a una persona que no es normal la llamo *loca-veleidosa*". Y se percibe orgullo en su voz; se oye lo que no ha dicho: "Soy un hombre simple, usted sabe...".

Me temo que haya una veta de tremendo cinismo en él, además. Siente en alguna parte que todo es ceniza. Le gusta ir a la iglesia, tomar parte, cantar cuando otros cantan, arrodillarse, entonar las respuestas. Eso hace descansar su corazón. Pero cuando eso ha terminado y está en su hogar y hay olor a carne asada, aparece su inquietud, imagino que cuando era pequeño le arrancaría las alas a las moscas. E incluso veo el suicidio como su fin, en una especie de melancolía, y "nadie me necesita" y "maldito si no lo haré".

20 de enero. Le escribí a de la Mare. No puedo comprender por qué debe ser un esfuerzo escribirle a la gente que uno quiere. No cuesta nada escribirles a aquellos que realmente no cuentan. Pero por semanas he pensado en D., necesité, deseé escribirle, pero algo detenía mi lapicera. ¿Qué? Una vez iniciada, realmente iniciada, todo se vuelve fácil... Le dije en esa carta cuánto pensaba en él. Supongo que es efecto del aislamiento que pueda decir de verdad que pienso en de la Mare, Chéjov, Koteliansky, Tomlinson, Lawrence, Orange, todos los días. Son parte de mi vida...

Me he acostumbrado más o menos al dolor, por fin. A veces me pregunto si esto es mejor o peor de lo que ha sido; pero no espero estar sin dolor. Tengo la sospecha –a veces la certeza– de que la causa real de mi enfermedad no son en absoluto mis pulmones, sino otra cosa. Y si eso se hallara y se curara, todo el resto sanaría.

21 de enero. Cumpleaños de abuela. ¿Dónde está esa fotografía de mi amor apoyada en el hombro de su esposo, con su pelo partido con tanta humildad y sus ojos que miran hacia arriba? La amo. Deseo tenerla. Por una parte, mamá me la dio en una época en que me amaba. Pero por la otra, tanto más importante, es *ella*, mi propia abuela, joven y encantadora. Aquel brazo. Esa manga de bebé. Incluso la cinta de terciopelo. Debo volver a verlos.

Y un día debo escribir extensamente sobre abuela, en especial de su belleza en el baño, cuando tenía alrededor de 60 años. Secándose con una toalla. Recuerdo ahora qué bonita me parecía. Y su fina ropa interior, su cuello, su perfume. Aún nunca la he descrito realmente. ¡Paciencia! Llegará el momento.

22 de enero. Mi sentimiento hacia Ernestine es vergonzoso. Pero ahí está. Su manera de caminar, su aspecto, la manera en que su nariz parece retorcida, su intensa estupidez, sus muñecas... me repugnan. Eso es *malo*. Porque ella lo siente, estoy segura. Cuando hablamos, ella se sonroja de una manera que no me parece natural. Siento que su respeto hacia sí misma está avergonzado por mis pensamientos.

Lumbago. Esto es algo muy extraño. Tan repentino, tan doloroso. Debo recordarlo cuando escriba acerca de un viejo. El impulso para ponerme de pie, la pausa, la mirada de furia... y cómo, al estar tendido de noche, uno parece estar confinado. Moverse es una agonía; hasta que finalmente se descubre un movimiento que es posible. ¡Pero esa sensación de invalidez en las piernas primero!

23 de enero. ¿París? Recordar el sonido del viento... la peculiar infelicidad que se puede sentir mientras sopla el viento. Luego el viento cálido y suave de la primavera que explora el corazón. El viento que yo llamo la Antigüedad de los Días, que aquí sopla de noche. El viento que sacude el jardín de noche cuando uno corre por él.

Polvo. Darle la espalda a un viento alto y fuerte. Caminar por la Explanada cuando el viento transporta al mar. El viento del verano, tan retozón, que se mecía y oscilaba en los árboles aquí. Y el viento que se mueve entre el pasto y lo hace temblar. Éste me conmueve de una manera que nunca entendí. Siempre veo un campo, un caballo joven, y está una muchacha danesa muy rubia que me dice algo de su padrastro. El nombre de la muchacha es Elsa Bagge.

24 de enero. Escribí y terminé *Tomando los hábitos*. Me tomó unas tres horas escribirlo. Pero había estado pensando en el marco por semanas... no, meses, creo. No puedo decir qué agradecida estoy por haber nacido en N.Z., por conocer Wellington como la conozco, y poseerla para recorrerla. Escribir sobre el convento pareció tan natural. Supongo que no habré estado en el lugar más de dos veces. Pero ése es uno de los lugares que permanecen tan vívidos como siempre. No debo olvidar el nombre de la *Señorita Gorrión*,[20] ni el nombre *Palmer*.

25 de enero. Jugué a los naipes con J. Me encanta verlo ganar. Cuando jugamos a veces me hace caras... las mismas clases de caras que sabía hacer Chummie. Creo que nunca lo amo tanto como cuando hace eso.

Estuvimos conversando hoy sobre la personalidad del gato y dijimos que deberíamos escribirlo. Es cierto que se ha tornado tan real como si pudiese hablar. Siento que habla, y que cuando está silencioso es sólo cuestión de provocarlo y empieza. Tal vez la visión más simpática de él es cuando toca el violín con lana por cuerdas o cuando se sienta al piano y toca Nelly Bly. Pero su amor, Isabel, toda su pequeña vida completa junto a la nuestra, debería narrarse. Aunque nunca lo haré.

26 de enero. Pinker escribe para decir que *The Nation* ha aceptado "La casa de muñecas".

Estoy segura de que la meditación es la cura para la enfermedad de mi mente, esto es, su falta de control. Tengo una mente muy sensible que recibe cada impresión, y ésa es la razón por la que me entusiasmo tanto y soy dominada.

27 de enero. Vino M. luciendo su corderito lanudo. Una extraña actitud me domina con ella. Siempre parecemos estar hablando de temas físicos. Me aburren y me disgustan, porque siento que es una pérdida de tiempo, y sin embargo, siempre volvemos a eso. Ella se reclinó sobre los almohadones, conversando. Tenía un aire ausente. Decía qué hermosas son las mujeres... y estuve a punto de ser indiscreta. Pero no lo fui. ¡Gracias a Dios!

---

20   Ver entrada del 18 de octubre de 1920.

He tenido dolor, mucho dolor todo el día. Me duele todo el cuerpo. Apenas puedo estar de pie. Parece imposible que me vaya el lunes.

28 de enero. Estos preparativos para la huída son casi increíbles. La única manera de conservar la calma es jugar a los naipes. J. y yo nos sentamos uno frente al otro. Siento que estamos muy unidos. Y jugamos y reímos y eso parece mantenernos juntos. Mientras dura el juego, estamos ahí. Una extraña sensación...

29 de enero. Vino H. Dice que mi pulmón derecho está prácticamente bien. ¿Puede una creer tales palabras? El otro está mucho mejor. *Él* cree que mi corazón me dará mucho menos trabajo en una altitud menor. ¿Puede ser cierto eso? Estaba tan esperanzado hoy que la tuberculosis ya no parecía un flagelo. Parecía que lo común era recuperarse. ¿Es fantástico esto?

Acomodé todos mis papeles. Rompí y destruí mucho implacablemente. Esto es lo que la vida me ha enseñado.

Por la tarde le escribí a O. acerca de su libro. Me ha llevado una semana escribir la carta. J. y yo parece ser que jugamos a las cartas todo el día. Siento que hay mucho amor entre nosotros. Tierno amor. *¡Que no cambie!*

30 de enero. Hubo una nevada tremenda el domingo. El lunes fue el primer día perfecto *real* del invierno. Pareció que la felicidad de J. y mía alcanzó su cenit ese día. No pudimos haber sido más felices; ésa fue la sensación. Sentados un momento en el balcón del dormitorio, por ejemplo, o viajando en el trineo a través de masas de nieve apilada. Se lo veía tan hermoso, además... sin sombrero, paseando con las manos en los bolsillos. Se pesó: 65 kilos. Había un armonio en una sala de espera. Entonces me marché, después de un beso rápido pero no apresurado...

Fue muy hermoso el camino a Sierre. Luego me pregunté una y otra vez si lo estaba viendo todo por última vez... los arbustos nevados, los árboles desnudos. "Extraño los buñuelos".

31 de enero. Viajar es terrible. Todo es tan sórdido, y el tren lo destroza a uno. Los túneles son el *infierno*. Tengo miedo de viajar.

Llegamos tarde a París, pero estaba muy hermoso, todo salido del agua. Por la noche miré hacia afuera y vi a *los hombres con linternas*. El hotel todo sórdido otra vez: cáscaras de fruta, residuos de papel, botas, mugre, mal humor. Por la noche vi a Manoukhin. Pero en camino hacia allá, no, aun antes, comprendí que mi corazón no estaba en eso. Me siento dividida y enojada y sin virtud. Luego L. M. y yo tuvimos una de nuestras famosas riñas, y fui a la casa equivocada. No olvido, mientras tocaba el timbre, las corridas y las risas adentro. M. tenía a una muchacha renga allí como intérprete. Dijo por intermedio de ella que podía curarme por completo. Pero no le creí. De repente todo parecía feo y sin importancia. Pero el piso era hermoso: cortinas rojas, reloj de mármol y cuadro de damas con pelo empolvado.

1° de febrero. A las 5.30 fui a la *clinique* y vi al otro hombre, D. Le pedí que me explicara el tratamiento, etcétera. Él lo hizo. Pero primero, mientras me acercaba a la puerta, ésta se abrió y se vio el vestíbulo, muy iluminado, con la sirvienta sonriente que lucía un pequeño chal y sostenía la puerta abierta. A través del vestíbulo se deslizó rápidamente un hombre que llevaba lo que pensé que era una *cruz* de hojas verdes. De repente, los brazos de la pequeña cruz se estremecieron débilmente y vi que era un niñito atado a una bandeja de madera. Mientras esperaba oí voces que llegaban de otro cuarto, voces muy altas, y por encima de ellas la de M. ¡*Da*! ¡*Da*!, y luego un interrogatorio. ¿*Da*? Tengo la sensación de que M. es realmente un hombre bueno. Tengo también la secreta sensación (uso esa palabra, "secreta", conscientemente) de que es una especie de impostor inescrupuloso. Otra prueba de mi naturaleza escindida. Todo está desunido. Mitad abucheos, mitad aplausos.

Sí, eso es. Para hacer algo, para ser alguien, uno debe reunir sus fuerzas y "reforzar su fe". Nada de valor puede proceder de un ser disociado. Es sólo por accidente que escribo algunas páginas que valen algo, y luego es sólo rozando la superficie, no más. Pero recuerdo que *Las hijas (del difunto coronel)* fue escrito en Mentone en noviembre, cuando yo no estaba tan mal como de costumbre. Estaba tratando con toda el alma de ser buena. Aquí lo intento y fracaso, y la conciencia hace de cada fracaso separado algo muy importante, cada uno un *pecado*. Sí, combinado con el tratamiento de M., me trataré a mí misma, si eludiera este cenagal de desaliento, si viviera una vida honorable y, por encima de todo, si normalizara mis relaciones con L.M.... soy una *farsante*. También soy una egoísta del más subido tono... a tal punto que fue muy difícil confesarlo por temor de que este libro pudiera encontrarse. Incluso el hecho de estar bien es una especie de ocasión para la *vanidad*. No hay nada peor que el egoísmo para el alma. Por lo tanto...

3 de febrero. Fui a ver a M. por un tratamiento. Queda una curiosa impresión. El hermoso gesto de M. al entrar en la sala fue perfecto. Pero D. gritó tanto, empujó su rostro hacia el mío, formuló preguntas *indecentes*. Ah, ése es el horror de estar enfermo. Uno debe exponerse a que se ventilen sus secretos y a que se los considere con una fría mirada. D. es un correcto francés. "¿Êtes-vous constipée?". ¿Olvidaré alguna vez eso, y la entretela de su corbata que se veía sobre el guardapolvo blanco? M. se sienta aparte, fumando, y su cabeza –que es de una forma curiosa: uno tiene conciencia de ella todo el tiempo como si se tratara de un instrumento– pende hacia adelante. Pero él es profundamente diferente. Desea tranquilizar. "Pas de cavernes".

Tuve palpitaciones desde el momento en que me coloqué sobre la tabla y hasta las 5. Pero cuando lo noté, mientras los rayos estaban funcionando, me sentí simplemente muy insensible. Pensé: Bien, si esto me mata... ¡que sea! ¡Voilà! Eso demuestra qué mala soy.

4 de febrero. Massingham acepta la idea de un cuento regular. K. me dio noticias... de "gente". Fue un día bastante horrible. Me sentí mal y por la noche tuve uno de mis espantosos ataques de ira por un paquete. ¿Es posible que sea tan intratable?

Tuve noticias de J., que dice que se quedará en Montana. En su carta se percibe el alivio del esfuerzo. Es notable. No cree una palabra acerca de M. y habla de venir a "buscarme" en mayo. Bien, si estoy mejor, no habrá más *"búsquedas"*. En cuanto a eso estoy decidida. La carta me tuvo despierta hasta muy tarde. ¡Y mi ciático! Hay que registrarlo, por si alguna vez se va, qué tremendo dolor es. Recordar de atribuírselo a alguien en un cuento alguna vez. L. M. es una figura muy trágica. Recuerdo sus ojos, las pupilas oscuras, negras, y su blancura. Hasta su pelo parece tornarse pálido. Ella plegó el cobertor y lo sostuvo entre los brazos como si fuera un bebé.

5 de febrero. Escribí en mi cuento, leí Shakespeare. Leí Goethe, pensé, oré.

El día fue fresco y bueno. Pero me sentí mal y no pude hacer otra cosa que estar acostada todo el día. Este viaje a París ha sido mucho más importante de lo que parecía. Ahora empiezo a verlo como el resultado, el final de toda aquella lectura. Quiero decir que incluso *Cosmic Anatomy* está involucrada. Algo se ha construido, una balsa, frágil y no muy apta para el mar; pero servirá. Antes, era como si me hubiese caído al agua cuando estaba "sola" -quiero decir, durante mi enfermedad- y ahora algo me apoya. Pero hay mucho por hacer. Se necesita mucha disciplina y meditación. Por sobre todo, es importante hacer el trabajo. Me enteré por Pinker de que en Cassells han aceptado "Una taza de té".

Pensé acerca de las francesas y su impúdica confianza en el poder del sexo.

6 de febrero. Cartas de B. y J. La carta de B. fue la más hermosa que recibí nunca. Me causó una extraña conmoción descubrir que J. ni siquiera preguntaba cómo iban las cosas. Una carta juvenil como tantas que he recibido, pero absolutamente impersonal. Podría haber sido enviada a cualquiera. Es verdad, estaba ansioso por el correo. Pero... eso era porque está solo. ¿Lo completo a J.? ¿Está agradecido de hundirse nuevamente en sí mismo? Siento el alivio en cada línea. No hay esfuerzo... nada que lo ate. Entonces, que eso continúe así. Pero no tomaré una casa en ninguna parte. También yo seré libre (escribo exactamente lo que siento). No quiero volver a ver a J. ahora. Le pediré que no venga aquí. Por el momento, él es como un pez que se ha escapado del anzuelo.

Un mal día. Me siento mal, de una manera oscura... horribles dolores, y debilidad. No puedo hacer nada. La debilidad no sólo era física. *Debo curar mi yo* para poder estar bien.

Sí, eso es lo importante. Ninguna atención se necesita aquí. Esto debe hacerse a solas y de inmediato. Es lo que está en la raíz del hecho de que no mejore. Mi mente no está *controlada*. Estoy ociosa, cedo, me hundo en la desesperación.

9 de febrero. Un día horrible. Por la noche pensé durante horas en los peligros del desarraigo. Cada vez que uno parte de algún lado, algo precioso, que no debería matarse, se deja morir.

10 de febrero. No fui a la *clinique* por mi resfrío. Pasé el día en la cama, leyendo los periódicos. La sensación de que alguien se estaba acercando a mí era demasiado intensa para que pudiese trabajar. Era como estar sentada en un banco al final de la avenida de un parque y ver a alguien a la distancia acercándose. Ella trata de leer. El libro está en su mano, pero es todo una tontería y podría estar invertido. Ella lee los avisos como si fuesen parte de los artículos.

No debo olvidar la larga charla que L. M. y yo tuvimos la otra tarde acerca del *odio*. ¿Qué es el odio? ¿Quién lo ha descrito? ¿Por qué lo siento por ella? Ella dice: "Es porque no soy nada, he suprimido todos mis deseos en tal medida que ahora no tengo ninguno. No pienso. No siento". Replico: "Si fueras alentada y amada por una semana, te recuperarías". Y eso es cierto, y me gustaría hacerlo. Parece que debería hacerlo. Pero no lo hago. La maravilla es que ella entiende. Ninguna otra persona de la tierra podría entenderlo.

Toda esa semana ella tuvo su pequeño rincón. "¿Puedo venir a mi rinconcito esta noche?", pregunta tímidamente. Y yo contesto –tan fría, tan cínica–: "Si lo deseas". ¿Pero qué haría yo si ella no viniese?

J. llegó temprano por la mañana. En media hora parecía que había estado aquí por largo tiempo. Aún lamento que haya venido, por él. Sé que es correcto por nosotros. Fuimos juntos a la *clinique*. Árboles sin hojas. Un magnífico resplandor en el cielo: las ventanas reflejaban fuego. M... trazó un cuadro de mi corazón. Ojalá no lo hubiese hecho. Me persigue ese cuadro horrible, el pensamiento de que mi corazón es una pesada gota en mi pecho. Pero él es bueno.

12 de febrero. Pusimos las piezas sobre el tablero y empezamos a jugar. Era un día inestable. L. M. entra y sale sin hogar –ningún lugar–, gira como una hoja a lo largo del oscuro pasaje y luego hacia la cruda calle.

J. leyó Chéjov en voz alta. Yo ya había leído un cuento para mí y no me pareció nada. Pero leído en voz alta era una obra maestra. ¿Cómo es eso?

Quiero recordar la noche anterior. Estaba dormida. Él entró, asomó la cabeza y *mientras* me despertaba, no lo conocí. Vi un rostro que me recordó a su madre y a Richard. Pero sentí una especie de inmediata confusión y temor. Sabía que debía conocerlo y que pertenecía a él, y sin embargo, él estaba, por así decirlo, ausente. Creo que es eso lo que debe sentir la gente que se está enloqueciendo acerca de los rostros que se inclinan sobre ellos y la gente vieja, muy vieja, respecto de sus hijos. Y eso explica el aspecto ofendido y tonto de sus rostros algunas veces. Piensan que no está bien que no conozcan.

13 de febrero. Me sentí mal todo el día. Sensación de confusión violenta en el cuerpo y en la cabeza. Me siento más enferma ahora que nunca, parece.

J. salió y compró una tetera y otras cosas; arreglamos un partido de ajedrez y empezamos a jugar. Pero los dolores en la espalda vuelven mi prisión casi insoportable. Conseguí levantarme, vestirme, y hacer un espectáculo de llegar al restaurante y regresar sin ser descubierta. Pero eso es literalmente todo. El resto es más bien como ser un escarabajo encerrado en un libro, tan trabado que uno no puede hacer más que tenderse. Y hasta tenderse se convierte en una especie de agonía. Lo peor de esto es que otra vez perdí las esperanzas. No, no puedo creer que esto cambie. He vuelto a caer del barco y el mar me lleva de acá para allá.

14 de febrero. Otro día infernal. Pero J. encontró ciertas pastillas que son buenas para mi garganta y me pareció que tenían un efecto calmante sobre mi corazón.

Tuve uno de mis sueños perfectos. Estaba en el mar, navegando con mi parasol abierto a una corriente de aire. Era celestial el mar, el cielo, la tierra, el parasol rosado, el barco de un rosa pálido.

¡Si pudiese superar mi desaliento! ¡Pero quién me puede ayudar en eso! Ahora que L. M. se marcha tengo más cosas que hacer, todas mis ropas que cuidar y unos platos que lavar. El esfuerzo consume lo que queda de mis fuerzas. Hacia las cinco de la tarde estoy cansada y debo ir a la cama de nuevo.

Es un día muy triste. Los canarios cantan. He estado leyendo cuentos de Bunin. No es un alma simpática, pero es bueno leerlo… lo transporta a uno.

17 de febrero. Fui a la *clinique*. Sentí que todo estaba mal ahí. M. estaba distraído y un poco enojado. D., como de costumbre, navegaba por encima de todo. Pero eso no significa nada. Me pareció que había habido algún problema o que se estaba gestando algún problema.

La doméstica ahí es una muy hermosa mujer regordeta de sonrisa arrebatadora. Sus ojos son grises. Riza su pelo en un pequeño flequillo y luce un angosto chal gris, un delantal y un par de botas bastante altas; con pasos ligeros, con una mano regordeta sosteniendo el chal, abre la puerta.

Febrero

[La que sigue es una lista de cuentos, arreglados aparentemente para su inclusión en un volumen. Los de la segunda columna estaban ya escritos; los de la primera columna deben escribirse. De estos, sólo fue escrito "La mosca"].

El mayor y la dama (viuda)	Una taza de té.
La madre.	(11 de enero de 1922).
La mosca.	Tomando los hábitos.

Un hombre infeliz.   (24 de enero de 1922).
Lucien.   La casa de muñecas.
En los sonidos.   (24-30 de octubre de 1921).
Una visita.
Hermanas.
El nuevo bebé.
Confidencias.
Los soñadores.
Tía Fan.
Honestidad.
Novia.

20 de febrero. Terminé "La mosca".

1° de mayo. Oh, ¿qué traerá este mes amado?

3 de mayo. París. Hoy debo empezar a escribir para Clement Shorter 12 "espasmos" de 2.000 palabras cada uno. Pensé en los Burnell, pero no, no creo. Mucho mejor, los Sheridan, las tres muchachas y el hermano y el padre y la madre, etcétera, que termina con una amplia descripción del casamiento de Meg con Keith Fenwick. Bien, ahí está la primera que ha volado del nido. Las hermanas Bead, que vienen a quedarse. La sábana blanca sobre el piso cuando se hace la prueba del traje de boda. Sí, tengo los detalles. Pero el asunto es: ¿dónde comienzo? Por cierto, uno desea zambullirse.

Meg estaba tocando. No creo que deba empezar con eso. Me parece que la visita de la madre debería ser el primer capítulo. Lo otro puede venir después. Y en ese capítulo lo que quiero destacar principalmente es: ¿Cuál es la vida real? ¿Ésa o ésta? El atardecer, estos pensamientos, el jardín, la belleza, cómo todas las cosas pasan y cómo el fin parece venir tan pronto.

Y luego está otra vez el pájaro encantador... siempre he amado a los pájaros... ¿Dónde está el pequeño?...

¿Qué es lo que nos moviliza tanto? ¿Qué es esta búsqueda, tan gozosa, tan gentil? Y parece haber un momento en que todo debe descubrirse. Sí, esa es la sensación.

Lo extraño es que sólo recuerdo cuánto he olvidado cuando oigo ese piano. El jardín del Casino, los pensamientos azules. Pero, ¿cómo voy a escribir ese cuento?

[Sigue el párrafo inicial del cuento].

"El fin de la tarde era hermoso en Port Willin. Había un momento en que toda la pequeña ciudad parecía estremecerse en esos últimos rayos brillantes. El puerto se veía dorado, las ventanas del gran hospital de Clifton Hill centelleaban, ardientes. Sólo las palomas que volaban tan alto sobre la Plaza del Correo y las nubes de humo que se elevaban de los fuegos del anochecer eran plateadas".

[Una carta no enviada].

Mayo. Sólo una línea para decir... J. y yo tenemos tanto que hacer este verano que hemos decidido que cuando nos marchemos de aquí (fines de este mes) iremos al Hôtel d'Angleterre, Randogne. ¿Eso te hace abrir los ojos? Pero en el verano, junio y julio, ese lugar fue tan encantador y lo conozco. Sólo llevaría un día asentarnos y mirar las montañas, antes de que pudiéramos trabajar. Todos los otros arreglos son demasiado difíciles... Alemania y etcétera. No poseemos, literalmente, el tiempo para descubrir un nuevo lugar y determinar nuestro rumbo. Además, estaremos cerca de Elizabeth. El invierno lo pasaremos en Bandol, en Beau Rivage. Voy a conseguirme una sirvienta de inmediato. No puedo arreglarme sola. Simplemente, no tengo tiempo para cuidar de todo y no puedo soportar, como tú sabes, la "desprolijidad"... No hables de nuestros planes, por azar, ¿quieres?

Hay aquí un pianista profesional realmente soberbio. Toca casi todo el día y escribe su propia música. Au revoir.

K.M.

[En mayo, K.M. se marchó de París para pasar el verano en Suiza, con el proyecto de volver a París en octubre y

reanudar el mismo tratamiento, que había sido exitoso [o así le parecía al observador]. Cuando volvió a Suiza y fue examinada por su médico anterior, éste se quedó sorprendido por su mejoría.

Pero K.M. nunca creyó que moriría de tuberculosis, sino de un ataque cardíaco, y pensaba que su corazón había empeorado con el tratamiento. Y, de manera más profunda, tenía la convicción de que su salud física dependía de su estado espiritual. En adelante, su mente se ocupó de descubrir alguna manera de "curar su alma"; finalmente resolvió, para mi gran pena, abandonar el tratamiento y vivir como si su grave enfermedad física fuese incidental, e incluso, en la medida de lo posible, como si no existiese].

Junio. Randogne, Suiza. Hallo difícil de entender el éxtasis de estar sola. Por cierto, cuando estoy sentada a solas bajo un árbol creo que podría estar contenta de *no volver nunca*. En cuanto al "miedo", ha desaparecido. Lo he reemplazado por una especie de indiferencia. Lo que sea, será. Pero ésta no es una afirmación muy útil, porque nunca la he puesto a prueba.

¿Sería tan feliz con alguien a mi lado? No, comenzaría a charlar, y es mucho mejor no conversar. O, si se tratara de J., él abriría un librito azul de Diderot, *Jacques le Fataliste*, y empezaría a leerlo, lo que me haría infeliz... ¿Por qué demonios leer al aburrido y añejo Diderot cuando está este otro libro ante los ojos de uno? No quiero ser un *gusano* de biblioteca. Si se le quita el libro, la pequeña cabeza ciega queda levantada; se menea, está en suspenso, terriblemente incómoda, en un hueco, hasta que comienza a esconderse de nuevo.

Soledad: "¡Oh, Soledad, de mi triste corazón sé Reina!". No es en absoluto eso. Mi corazón no es triste, salvo cuando está entre la gente, y entonces estoy demasiado distraída para pensar en Reina. (¡Oh, caramba! Aquí hay una tragedia andante... Madame con toda una bandeja de comida. ¡Y sólo pedí algo para comer!)

[La siguiente descripción es de una familia que vivía en un pequeño chalet que se veía desde la ventana de K.M. en Randogne].

He observado a esa mujer grande y pesada, de andar tan lento, que va y viene con sus cubos y sus cepillos, que se asoma a la puerta al mediodía y al atardecer para buscar a su esposo y su hija. No parece ni triste ni feliz; es a la vez resignada y turulata. A veces, cuando se detiene y mira a su alrededor, es como una vaca a la que conducen por un camino, y a veces, cuando se asoma por la ventana, observa a su rápido esposo que garbosamente corta madera, creo que la odia… y verla a ella lo sofoca.

Pero hoy es el primer día bueno desde que llegaron los huéspedes, estos salieron a dar un paseo y dejaron a la niñera a cargo del bebé. Una "cuna" formada por dos canastas de mimbre apoyadas sobre soportes fue llevada al sol, y al bebé lo colocaron encima. Luego desapareció la muchacha niñera.

Por un lado de la casa apareció mi "mujer". Se detuvo. Miró rápidamente a su alrededor. Se inclinó sobre la cuna y tendió un dedo hacia el bebé. Luego pareció simplemente subyugada por el encanto y la maravilla de esa cosita. Caminó en puntas de pie alrededor de la cuna, se inclinó, sacudió la cabeza, luego el dedo…levantó una pequeña manga, miró un bracito con hoyuelos. Su hijita, de sombrero blanco (en honor a los huéspedes) daba saltitos. Imagino que la mujer le preguntó si le gustaría un hermanito. Y la niñita estaba fascinada, como los pequeños suelen sentirse con los más pequeños.

"Bésale la mano", dijo la mujer. Observé cómo la hija, muy seria, besaba la manito; y casi no podía soportar que alguien que no fuera ella misma tocara al infante. Apartó a la hija de un tirón…

Cuando finalmente se retiró, estaba temblando. Subió las escaleras de la casa, quedó de pie en medio de la cocina, y pareció que el bebé que llevaba adentro comprendió su amor y se movió. Una sonrisa débil y tímida apareció en los labios de ella. Lo creía y no lo creía.

Gyp, el perro, es la criatura más servil imaginable. Es un gordo spaniel marrón y blanco con una gruesa y redonda punta de rabo que se menea ante todos en todo momento. Su pasión es el bebé. Si alguien arroja palitos, él se lanza a buscarlos y los deposita al pie de la cuna. Cuando su ama lleva al bebé, él salta a su alrededor tan locamente, con tal frenesí de placer, que uno no lo cree. Se siente parte de la familia, un perro de familia.

El amo es un individuo muy estúpido y pretencioso de nariz grande y delgada, una mata de pelo y piernas delgadas y largas. Camina lentamente, con perfecta rigidez. Siempre lleva las manos en los bolsillos. Ayer lució todo el día un par de zapatillas azul claro de lana con borlas. Y era obvio que se admiraba mucho con esas zapatillas. Hoy camina de un lado al otro en mangas de camisa. Lleva camisa azul cielo, pantalones de terciopelo negro y chaqueta corta. Estoy segura de que piensa que está perfectamente vestido para el campo. ¡Ah, si sólo tuviera un arma para llevar sobre el hombro!

Cuando volvió a la casa, caminó duro, rígido como un poste, las manos en los bolsillos, hasta la puerta del frente y se *quedó allí*. No golpeó, no dio señal alguna. En menos de un minuto se abrió la puerta. Su esposa *sintió* que él estaba ahí.

(¡Qué pasión se siente por el sol aquí!).

El amigo es un joven ostentoso de traje gris, con una gorra siempre muy volcada hacia un lado. No le agrada quitarse la gorra. Es la clase de hombre que se sienta en el borde de las mesas o se apoya contra el mostrador de los bares con los pulgares en el chaleco. Se siente un calavera. Está seguro de que todas las chicas se vuelven locas por él, y es cierto que cada vez que mira a alguna, ésta ríe entre dientes. A pesar de toda su indiferencia, es cuidadoso con el dinero. Cuando él y su "amigo" van al pueblo de compras, él se demora en el negocio, huele las cosas, *sugiere* cosas pero vuelve la espalda y silba cuando llega el momento de alcanzar un billete. Cree que la mujer de su amigo está enamorada de él.

(Cuando el perro está atado, llora dolorosamente, solloza. El sonido, tan desenfrenado, les *agrada* a ellos).

La esposa es pequeña, desprolija, con grandes rizos dorados. Luce zapatos de lona blanca y una chaqueta con borde de piel artificial. Ella es la mujer que está pasando el día junto al mar.

Parece insatisfecha, infeliz. Estoy segura de que es una mujer que lo confunde todo.

(El perro es realmente muy histérico).

Tienen una pequeña asistente de alrededor de 16 años, con una trenza suelta de pelo oscuro y anteojos de marco de plata. Camina con aire humilde pero autosatisfecho, sacando el estómago. Es la humildad misma. ¡Cómo agacha la cabeza y camina detrás de su amo! Es terrible verla. Desea ser invisible, pasar inadvertida. "¡No me miren!". Y se borra a sí misma. (Esto se debe escribir muy directamente). Ella es la que sostiene al bebé. Cuando los otros se han ido, se enseñorea con el bebé, le levanta la ropa y lanza exclamaciones con todo un aire.

El bebé está en una edad en que se desploma sobre un hombro. Es aún un bebé sin huesos, que hace burbujas, con un vestidito de muselina azul. Cuando llora, parece que lo estuvieran oprimiendo. Sus pies, calzados en botitas blancas, son como pequeñas tortas.

(El entusiasmo del perro es suficiente como para que uno desee patearlo. Cuando ellos salen al frío, la humedad, ahí está él saltando, preguntando cuándo va a empezar la diversión. Es repugnante).

Un extraño momento de psicología: debí desaparecer detrás de los arbustos, hoy, en un hueco. Esa acción me hizo sentir más cercana a la salud normal de cuanto me he sentido por años. No había nadie allí; nadie se preguntó si yo estaría bien, es decir, no había nada que me distinguiera, en ese momento, de un ser humano común.

Cada pequeño movimiento de este pájaro es efectuado con tanta ostentación, como si él estuviera tratando de lucirse todo lo posible. ¿Por qué?

¿Pero continuar con esta soledad... un poco? ¿Podría yo...? Me parece que en mi caso depende por completo de la salud. Si yo estuviera bien y pudiese pasar las noches sentada escribiendo hasta alrededor de las 11...

Levantar la cabeza y mirar a través de los árboles hasta el lejano azul del cielo.

Ya la tarde está avanzada y todos los sonidos son más suaves, más profundos. El susurro del viento en las ramas es más pensativo.

Ésta... ésta es la felicidad más grande que conoceré nunca. Es una felicidad mayor de cuanto creí posible. ¿Pero por qué es incompatible con...? Sólo por tu debilidad. No hay nada que impida que estés así. En realidad, ¿aún no sabes que cuanto más activa y aislada hagas tu vida, más contento está el otro? Lo que él halla intolerable es la falta de privacidad. *Pero también tú*. Lo hace sentir como si estuvieras viviendo bajo una campana. Otro tanto te ocurre a ti. Tú te quedas esperando complacerlo hasta que él desea que te hayas ido.

¡Qué mal, qué estúpidamente conduces tu vida! No comprendes que los dos han tenido contacto suficiente como para que dure por años, que la única manera de que cada uno de ustedes se renueve y se refresque es que tú te apartes. No necesariamente que te *arranques*, sino que te apartes tan sensatamente como sea posible. Eres la mujer más estúpida que he conocido nunca. Nunca comprenderás que todo depende de ti. Si no tomas la iniciativa, nada se hace. La razón por la que te resulta tan difícil escribir es que no estás aprendiendo nada. Me refiero a las cosas que cuentan, como la visión de este árbol con sus conos rojizos contra el cielo. ¿Cómo puedo poner que hay goma en los conos? "¿Enjoyados?". No. "¿Cubiertos de cuentas?". No. "Son como cristales". ¿Debo? Tengo tanto miedo.

[Hacia fines de julio, al comprobar que la altura de Randogne significaba un gran esfuerzo para su corazón, K.M. descendió a Sierre].

Julio. Sierre. Éste es un maldito libro de notas, muy en el añejo estilo. ¡Qué comprometida estoy!

Hoy es martes. Desde que partí de Montana he escrito alrededor de una página. ¡El resto del tiempo parece que hubiera dormido! Eso, naturalmente, dio pie a todos los Antiguos Temores: que nunca volvería a escribir, que me estaba dando la enfermedad del sueño, etcétera. Pero esta mañana llegué a un límite y esta noche pienso que tal vez un tiempo de convalecencia era absolutamente necesario. La mente estaba sofocada con los despojos de todas esas horribles mareas. Hoy le escribí a K. Eso parece aproximar las cosas.

Sólo ahora estoy empezando a ver de nuevo y a reconocer la belleza del mundo. Por ejemplo, las golondrinas de hoy, sus aleteos, sus aterciopeladas colas como horquetas, sus alas transparentes que son como las aletas de los peces. La cabecita oscura y el pecho dorado a la luz. Luego la belleza del jardín, y la belleza de los senderos barridos... Luego, el silencio.

Combato eternamente en una guerra de pequeños engaños. ¡Romper este libro! ¡Romperlo ya! Pero ahora estoy simulando hacer notas acerca de un libro que ya he leído y desprecio...

¡Qué horrible y despreciable basura!

Me gustaría escribir mañana la historia del canario. Tantas ideas vienen y se van. Si hay tiempo las escribiré todas. Si este tiempo ininterrumpido continúa. La historia acerca de este hotel sería magnífica si pudiera escribirla.

Si hay un libro para leer, por malo que sea, lo leo. Lo leo. ¿Siempre ocurrió lo mismo conmigo? No recuerdo. Al mirar retrospectivamente, imagino que siempre estuve escribiendo. Eran tonterías, además. Pero mucho mejor escribir tonterías o cualquier cosa, cualquier cosa, antes que nada.

[A fines de agosto de 1922, K.M. volvió a Londres].

Mi primera conversación con O. tuvo lugar el 30 de agosto de 1922.

En esa ocasión, empecé por decirle cuán insatisfecha estaba con la idea de que la Vida debe ser una cosa menor de lo que éramos capaces de imaginar que fuera. Tenía la sensación de que lo mismo les ocurría a casi todos los que conocía y a quienes no conocía. Tan pronto como su juventud, con su pequeña fuerza y su ímpetu característicos de esa etapa, había terminado, dejaban de crecer. En el mismo momento en que creían que ése era el momento de reunir fuerzas, de utilizar toda la potencia propia, de asumir el control, de ser un adulto, parecían contentos de cambiar el deseo principal de su corazón por innumerables deseos pequeños. O la imagen que se me sugería era la de un río que se dispersa en incontables hilos sobre un oscuro pantano.

Se engañaban a sí mismos, por supuesto. Llamaban a esa dispersión "mayor tolerancia", "intereses más amplios", "sentido de la proporción", de modo que el trabajo no excluyera la posibilidad de "vida". O la llamaban un escape de todo ese sondeo mental y de la conciencia de sí mismos, una forma de vida más simple y por lo tanto mejor. Pero tarde o temprano, al menos en literatura, se percibía un tono de profundo pesar. Había una inquietud, una sensación de frustración. Se oía, o uno creía oír, el grito que empezaba a resonar en el propio ser: "Me he equivocado. He abandonado. No es esto lo que quiero. Si esto es todo, entonces la vida no merece vivirse".

Pero yo *sé* que eso no es todo. ¿Cómo se sabe eso? Permítame tomar el caso de K.M. Desde que puedo recordarlo, ella ha llevado una vida muy típicamente falsa. Sin embargo, en el todo ha habido momentos, instantes, resplandores, en los que ha sentido la posibilidad de algo muy distinto.

Pájaros de amor en el 47b: Macho y hembra. El macho, con la parte inferior del cuerpo verde, alas oscuras, con puntos amarillos, anchos en la base y que se van empequeñeciendo hasta llegar a las plumas de la cabeza, muy cerca entre sí. Rostros amarillos: un toque de celeste en las mandíbulas y sobre la parte superior del pico. En el macho, exquisitos puntos negros, puntos azabache bajo el pico. Cola del pájaro macho, azul.

Hembra, amarillo con la parte superior de un verde pálido en delicadas líneas. El pájaro es amarillo, pero un amarillo verdoso. El pájaro macho hurga en la parte posterior, encuentra...

30 de setiembre. "¿Sabes qué es la individualidad?".
"No".
"Conciencia de la voluntad. Ser consciente de que tienes voluntad y puedes actuar".
Sí, lo es. Éste es un dicho glorioso.

3 de octubre. Llegué a París. Tomé habitaciones en el Select Hotel, Place de la Sorbonne, por diez francos por día por persona. ¿Qué sensación? Muy poca. El cuarto es como el cuarto donde se puede trabajar... o así parece. He sido un perfecto tormento para L. M., que está pálida, con ojos oscuros. Sospecho tanto de mis reacciones que casi no me atrevo a decir lo que pienso del cuarto, etcétera. ¿Lo sé? No, realmente. No más que ella.

Hoy he pensado en J. Ya no estamos juntos. ¿Pero estoy en el camino correcto? No, no aún. Sólo observando... comentando a los otros. No estoy en cuerpo y alma. Siento un poco de falsedad... Y yo también. Una de las K.M. está triste. Pero claro que lo está. Debe morir. *No* alimentarla.

Octubre. Importante. Cuando podemos empezar a no tomarnos en serio nuestros fracasos, significa que estamos dejando de tenerles miedo. Es de suma importancia aprender a *reírnos de nosotros mismos.* Lo que Shestov llama "un toque de cómoda familiaridad y burla" tiene su valor.

¿Qué sucederá con Anatole France y su encantadora sonrisa? ¿No disfraza una carencia de sentimiento, como la fatiga de M.?

La vida debería ser una luz firme y visible.

¿Qué queda de todos esos años juntos? Es difícil decirlo. Si fueron tan importantes, ¿cómo pudieron reducirse a nada? ¿Quién *abandonó* y *por qué*?

¿No ha estado diciendo, todo el tiempo, que la falla reside en tratar de curar el cuerpo sin prestarle atención alguna a la psiquis enferma? G. afirma hacer lo que yo siempre soñé que podría hacerse.

El sonido de un caramillo en la calle, cientos y cientos de años de antigüedad.

Octubre. Los jardines del Luxemburgo. Se acercó un tren muy pequeño, con un silbato de madera. Primero se detuvo, hizo sonar el silbato y luego avanzó con lentitud con un movimiento maravillosamente expresivo del brazo derecho. La gente no importaba en absoluto. La atravesó, la pasó, la rodeó. Luego cayó, en su longitud total. Pero dos caballeros lo recogieron, le palmearon el trasero y en un minuto volvía a hacer sonar el silbato (un poco más largo que de costumbre) y se ponía en marcha...

Una pequeña madre parecida a un pájaro con un bebé en un brazo y llevando de la mano a una niñita que lucía un abrigo hecho con una falda plisada y un moño rosado -parecía de franela rosada- en el pelo enrulado. Un niño muy rico con un sombrero de oso blanco pasó y quedó enamorado del moño de franela rosada. Cuando su niñera no lo estaba mirando, se demoró y caminó junto a su pobre hermanita, mirándola inquisitivamente y *marcando el paso* con cuidado.

Pasó una personita de sombrero rosado, arrastrando con atención un diminuto cochecito de muñeca. Era *tan* diminuto que ella debía arrastrarlo con un hilo de algodón. Naturalmente, cuando dejó de vigilarlo y su mano dio un tirón, cayó el cochecito. Por uno o dos minutos ella lo arrastró de costado. Luego descubrió el accidente, corrió hacia el coche, lo reacomodó, y miró a su alrededor con rostro enojado: *seguro* que algún enemigo lo había derribado a propósito. Su pequeña mirada directa era muy atemorizadora. ¿Vio ella a alguien?

Y luego, repentinamente, se levanta el viento y todas las hojas vuelan hacia adelante, tan contentas, tan ansiosas, como si estuviesen agradecidas de que aún no sea su turno para...

15 de octubre. Cumpleaños de Nietzsche. Estuve sentada en los jardines del Luxemburgo. Con frío, desdichadamente triste. Gente horrible a la hora del almuerzo, todo horrible, desde *Anfang bis zum Ende*.

17 de octubre. Laubblätter. Las cuatro fuentes. La planta de tabaco. Perro inglés. El cortejo fúnebre. Acciones y reacciones. Los pellejos sedosos, como la parte interior de la pata de un gato. "Querido".

La luz del sol es fuego que vuelve al sol en un ciclo sin fin... G. parece exactamente un jeque del desierto. Pensé constantemente en "Arabia" de Doughty...

Ser terriblemente entusiasta o mortalmente serio: ambas cosas son erróneas. Ambas pasan. Uno siempre debe mantener presente un sentido del humor. Depende de uno cuánto se ve o se oye o se entiende. Pero he descubierto que el sentido del humor fue de utilidad en todas las ocasiones de mi vida. Ahora tal vez entiendas qué significa la palabra "indiferente". Es aprender a no preocuparse y a no delatar la mente.

18 de octubre. En el jardín de otoño caen las hojas. Pequeñas pisadas, como suaves murmullos. Vuelan, giran, se sacuden.

> [*La siguiente entrada (la última del Diario) fue separada del cuaderno para enviármela. Pero luego cambió de idea. La encontré entre sus papeles con el siguiente rótulo: "Estas páginas de mi diario. No permitas que te entristezcan. La historia tiene un final feliz, real y verdaderamente"*].

10 de octubre. He estado pensando esta mañana hasta que parece que puedo arreglar las cosas si trato de escribir... donde estoy.

Desde que llegué a París he estado tan enferma como siempre. En realidad, ayer creí que me moría. No es imaginación. Mi corazón está tan agotado y tan obstruído que sólo puedo caminar hasta el taxi y de regreso. Me levanto al mediodía y me voy a la cama a las 5.30. Trato de "trabajar" espasmódicamente, pero el tiempo pasa. No puedo trabajar. Desde abril no he hecho prácticamente nada. ¿Pero por qué? Porque si bien el tratamiento de M. mejoró mi sangre y me dio buen aspecto y tuvo un efecto positivo sobre mis pulmones, no ayudó en nada a mi corazón, y sólo obtuve esa mejoría llevando la vida de un cadáver en el Victoria Palace Hotel.

Mi espíritu está casi muerto. Mi surtidor de vida está tan agotado que apenas no está seco. Casi toda mi mejorada salud es una simulación... una actuación. ¿Qué implica? ¿Puedo caminar? Sólo me arrastro. ¿Puedo hacer algo con las manos o el cuerpo? Nada en absoluto. Soy una inválida completa. ¿Qué es mi vida? ¿Es la existencia de un parásito? Y ya han pasado cinco años y me siento más acorralada que nunca.

Ah, ya me siento un poco más calmada por estar escribiendo. ¡Gracias a Dios por poder escribir! Estoy tan asustada de lo que voy a hacer. Todas las voces del "Pasado" dicen: "No lo hagas". J. dice: "M. es un científico. Él hace su parte. A ti te corresponde hacer la tuya". Pero eso no sirve. No puedo curar mi psiquis, como no puedo curar mi cuerpo. Menos aun, me parece. ¿Acaso a J., que está perfectamente bien, no lo deprimen mucho los forúnculos en el cuello? Pensar en un confinamiento de cinco años. Alguien debe ayudarme a salir. Si ésa es una confesión de debilidad... lo es. Pero es sólo la falta de imaginación la que la considera tal. ¿Y quién va a ayudarme? Recordar Suiza: "Soy impotente". Por supuesto, lo es. Un prisionero no puede ayudar a otro. ¿Creo en la medicina solamente? No, nunca. ¿En la ciencia sola? No, nunca. Me parece infantil y ridículo suponer que uno puede ser curado como una vaca *si no se es una vaca*. Y aquí, todos estos años, he estado buscando a alguien que estuviese de acuerdo conmigo. He tenido noticias de G., que parece no sólo estar de acuerdo sino saber infinitamente más al respecto. ¿Por qué dudar?

Temor. ¿Temor de qué? ¿No se reduce todo al temor de perder a J.? Creo que sí. Pero, ¡por Dios! Enfrentar las cosas. ¿Qué tienes de él ahora? ¿Cuál es tu relación? Él conversa contigo, a veces, y luego se marcha. Piensa tiernamente en ti. Sueña una vida contigo *algún día*, cuando el milagro se haya producido. Tú eres importante para él como un sueño. No una realidad viviente. Porque ustedes no son uno. ¿Qué comparten? Casi nada. Sin embargo, hay una profunda, dulce, tierna avenida de sentimiento en mi corazón que es amor por él y deseo de él. ¿Pero de qué sirve, tal como están las cosas? La vida juntos, conmigo enferma, es una simple tortura con momentos felices. Pero no es vida... Tú sabes que J. y tú son sólo una especie de sueño de lo que podría ser. Y eso no podrá ser nunca, nunca a menos que estés bien. Y tú no te pondrás bien con sólo "imaginar" o "esperar", o intentando producir el milagro tú misma.

Por lo tanto, si el gran lama del Tibet prometió ayudarte... ¿cómo puedes dudar? ¡Arriesga! ¡Arriesga todo! No te preocupes más por la opinión de los otros, por esas voces. Haz la cosa más dura de la tierra por ti. Actúa por ti misma. Enfrenta la verdad.

Es verdad, Chéjov no lo hizo. Sí, pero Chéjov murió. Y seamos honestos. ¿Cuánto sabemos de Chéjov por sus cartas? ¿Era eso todo? Claro que no. ¿No crees que tenía una completa vida de deseo de la que casi no hay una palabra? Entonces, lee las cartas finales. Él nos ha dado esperanzas. Si les quitas sentimentalismo a esas cartas finales, son terribles. No hay más Chéjov. La enfermedad lo ha devorado.

Pero quizá para la gente que no está enferma, todo esto sea una insensatez. Nunca han recorrido este camino. ¿Cómo pueden ver dónde estoy? Razón de más para avanzar audazmente sola. La vida no es simple. A pesar de todo lo que decimos acerca del misterio de la Vida, cuando llega el caso deseamos encararlo como si se tratara de un cuento de niños...

Ahora, Katherine, ¿qué quieres decir con salud? ¿Y para qué la quieres?

Respuesta: Al decir salud, me refiero a la capacidad para llevar una vida plena, de adulto, respirándola en estrecho contacto con lo que amo: la tierra y sus maravillas, el mar, el sol. Todo lo que queremos significar cuando hablamos del mundo externo. Deseo entrar en él, ser parte de él, vivir en él, aprender de él, perder todo lo superfluo y lo adquirido en mí y convertirme en un ser humano directo consciente. Deseo entender a los otros, entendiéndome a mí misma. Quiero ser todo aquello de lo que soy capaz para poder ser (y aquí me he detenido y esperé y esperé pero no sirve... sólo hay una frase que sirve) *hija del sol*. En cuanto a ayudar a los otros, a llevar una luz, etcétera, parece falso decir una sola palabra. Que quede así. *Una hija del sol.*

Luego deseo *trabajar*. ¿En qué? Quiero vivir de tal manera que trabaje con mis manos y mis sentimientos y mi cerebro. Quiero un jardín, una casita, césped, animales, libros, cuadros, música. Y de esto, de la expresión de esto, deseo estar escribiendo. (Aunque puedo escribir sobre cocheros. Eso no importa).

Pero cálida, ansiosa, viviendo la vida... estar enraizada en la vida... aprender, desear, saber, sentir, pensar, actuar. Eso es lo que quiero. Y nada menos. Eso es lo que debo intentar.

Escribí esto para mí. Ahora me arriesgaré a enviárselo a J. Él puede hacer con esto lo que guste. Debe saber cuánto lo amo.

Y cuando digo "temo"... que no te perturbe, queridísimo corazón. Todos tememos cuando estamos en salas de espera. Sin embargo, debemos pasar por ellas, y si el otro puede mantenerse en calma, ésa es toda la ayuda que podemos darnos mutuamente...

Y todo esto suena muy enérgico y serio. Pero ahora que he luchado con ello, ya no lo es. Me siento feliz... profundamente. *Todo está bien.*

Índice

Introducción, *por John Middleton Murry*	7

Diario

1910..	17
1914..	19
Un sueño.......................................	22
1915..	30
Notre Dame.....................................	39
La "vida" de la vida............................	39
Père de famille.................................	40
Viajar sola.....................................	41
Noche..	42
Un encuentro...................................	47
1916..	49
Un recuerdo de la infancia......................	54
Recuerdos del colegio...........................	57
Saunders Lane..................................	60
Más tarde......................................	63
Notas sobre Dostoievsky.........................	64
Shatov y su esposa (Los endemoniados)..........	65
1917..	67
Verano...	67
Alors, je pars..................................	69
Un chelín perdido..............................	70
Vivir sola......................................	70
¡Cuidado con la lluvia!.........................	70
E. M. Forster..................................	70
Amor y hongos.................................	71

Los bebés y la querida y anciana Reina	71
Los sueños y el ruibarbo	71
Un idilio victoriano	72
1918	**74**
Versos escritos en una cama extranjera	75
3 de abril. Un día bueno	78
Más tarde	82
Más tarde	82
Más tarde	83
Hoteles	85
Tuberculosis pulmonar	85
Jour maigre	86
Picnic	86
Adultez	86
Dame seule	87
Recuerdo	87
Fresas y un buque que navega	88
La eterna pregunta	89
Primavera vespertina	90
Redcliffe Road	90
La mitad de la nota	91
Inconsecuencia	92
El club de mujeres en época de guerra	95
Buenas noches	95
El golpe	96
La mosca	96
1919	**97**
Huida	98
Estar a solas	99
Geranios	100
Un sueño	100
Inglaterra	101
Un buen comienzo	102
El ángel de piedad	103
La cocinera	104
La cocinera viene a verme	104
La historia de la cocinera	105

Cenicienta	112
Dos climas	113
Clima hindú: un sueño	114
Extraños	116
Julio	116
La señora Nightingale: un sueño	117
Et in Arcadia Ego	119
La muerte	120
1920	**124**
Angustia	130
El vislumbre	132
Maldad	134
Gallos y gallinas	134
Psicología femenina	138
Con rumbo al sur	138
Mujer y mujer	138
Hombre y mujer	139
Hora del desayuno	139
Inglaterra y Francia	140
Marie	140
Marie y la coliflor	141
Niños expósitos	141
El beso	142
La muñeca	142
El gatito	143
¿Por qué sufrir?	144
La última sala de espera	144
Sufrimiento	145
En la bahía	147
Niños en la mañana	147
El extraño	148
Té liviano	148
El cambio	149
Los ríos de la China	149
Montañas nevadas	150
Mentes cultivadas	150
El viaje de "The Bugle"	151

1921	154
La pregunta	154
La camarera	161
Una bienvenida	163
Amor	165
El candelabro	165
Setiembre	166
El nuevo bebé	168
Notas sobre Shakespeare	173
Todo está bien cuando termina bien	173
Hamlet	175
Miranda y Julieta	176
Romeo y Julieta	176
Noche de Reyes	176
Antonio y Cleopatra	177
1922	180
Febrero	198

Impreso en el mes de agosto de 2015
en Sagrafic. S.L., Plaza Urquinaona, 14, 7º 3ª.
08010 Barcelona, España.